KB247339

아무도 가르쳐주지 않는

R&D

제대로 하기

아무도 가르쳐주지 않는

R&D 제대로 하기

RESEARCH & DEVELOPMENT

장혁 지음

클라우드나인
CLOUD 9

'제대로' 하지 않으면 아무것도 아니다

대다수 회사, 특히 공학을 기반으로 하는 기술회사는 창의와 혁신을 통한 기술 개발이 중요합니다. 더구나 성능Performance, 가격 Cost, 품질Quality이 제품의 경쟁력을 가름하고 확보하는 속도Speed에 무한 경쟁 중인 산업계에서 창의와 혁신은 회사의 생존 전략이기도 합니다. 이에 많은 기업이 기술경영을 주요 방침으로 설정하고 창의와 혁신을 방법론으로 추진하고 있습니다. 하지만 논리적 사고를 통해 도출된 전략과 실행과 경험으로 검증된 전술 없이 쉽게 이룰 수 있는 것이 아닙니다.

대학에서 공학을 공부하는 학생들은 어려운 이론 공부와 실험 수행이 앞으로 사회에서 요구하는 창의적 발상과 혁신 역량을 높이는 데 도움이 될지 궁금할 것입니다. 그리고 자신이 추구해야 할 미래의 지향점을 어디에 둘지 고민이 많을 것입니다. 그럼에도 어떻게 창의와 혁신을 해야 하는지 아무도 가르쳐주지 않습니다.

창의創意는 '곳간倉을 도끼刀로 부수고 마음心에 빛日을 세운다立.'는 의미가 있습니다. 기존의 편안하고 중요한 것들을 파괴하여 새로운 것을 만드는 행위이기에 많은 아픔이 따릅니다. 서양에서 창의를 뜻하는 단어는 크리에이트create입니다. 어근 creo는 'creare'의 1인칭 단수 현재형으로 '내가 무언가를 창조한다'는 뜻이고 중세에는 크레아티오creatio로 표기했습니다. 크레아티오는 '신이 무에서 유를 만든다.'는 뜻으로 인간은 할 수 없고 신만이 할 수 있는 일을 말합니다. 르네상스 시대를 거치면서 인간의 창의력이 폭발했으나 신의 영역을 침해하는 행위로 여겨지기도 했습니다. 이후 20세기 초반까지 크레아티오는 천재들의 전유물이었고 1946년이 되어서야 일반인의 영역으로 들어와 사전에 등재된 단어(프랑스어 créativité, 영어 creativity)로 사용되기 시작할 정도로 특별한 의미의 행동이었습니다. 산업계에서 창의는 20세기 후반이 되어서야 실행됐습니다. 그리고 혁신革新은 '가죽革을 벗겨내는 고통을 감내해야만 새로움을 영위할 수 있다.'는 의미입니다. 이렇듯 창의와 혁신이 얼마나 어려운 작업인지는 한자와 라틴어의 유래에서 확인할 수 있습니다.

이 책의 주제인 '창의와 혁신의 연구개발 제대로 하기'는 제 학위과정(유타대학교 금속공학·전기화학 6년)과 박사 후 연구(일리노이대학교 어바나샘페인 캠퍼스 나노재료 2년) 중 학습한 공학에 기초하여 기술회사인 삼성(삼성전자 종합기술원 25년, 삼성SDI 7년)에서의 연구개발 업무를 통해 배우고 실천한 경험과 실행하고자 했던

사례들입니다. 이를 'R&D 제대로 하기'라는 제목에 담아 매뉴얼 형식으로 정리했습니다.

이 책의 제목인 'R&D 제대로 하기'는 창의와 혁신을 지향하는 어려운 과정입니다. '제대로'의 사전적 의미는 '격식이나 규격대로' 혹은 '알맞은 정도로'입니다. 그러나 기술회사가 추구하는 격식과 규격이 수시로 변하고 알맞은 정도의 기술 수준은 지속적으로 빠르게 상승하고 있습니다. 그러다 보니 연구개발을 제대로 한다는 것은 그 어려운 창의와 혁신을 제대로 하는 것과 일맥상통합니다.

이 책은 갈망Aspiration, 비전Vision, 창의Creativity, 열정Passion, 리더십Leadership이라는 다섯 가지 주제를 다룹니다. 제가 32년간 연구개발 여정을 함께한 삼성의 핵심 가치[1]인 최고지향, 정도경영, 인재제일, 변화선도, 상생추구와 간접적으로 연계됩니다.

1장 갈망에서는 연구개발 엔지니어들의 갈망 수준Aspiration Level 정의 방법을 소개합니다. 그리고 갈망 수준에 걸맞은 개발 목표를 설정하기 위해 기술 트리Technology Tree 작성 방법과 기술 로드맵Technology Roadmap 수립 및 실행 방안을 설명합니다.

2장 비전에서는 개인과 조직의 미래를 구체적으로 설계하는 방법과 실천을 위한 목표 설정 과정을 설명합니다.

3장 창의에서는 위기의식으로부터 시작된 다양한 분야의 창의 조직과 개인의 마인드셋 과정과 혁신의 영역을 찾아가는 과정을 설명합니다. 이를 통해 발굴하고 구현한 창의의 결과를 자산화하여 특허 트리Patent Tree로 완성하는 방안을 설명하고 그와 함께 기술 소통을 통해 창의를 발현하는 지식 충돌Clash of Knowledge 방법도 소개합니다.

4장 열정은 개인과 조직의 일하는 방법으로 연구개발자들이 업무에 임하는 자세를 분석하고, 구루급 기술경영 선배님들의 열정에 대한 사상을 사례로 들어 소개합니다.

5장 리더십은 경쟁이 치열한 글로벌 기업들의 사례를 통해 공학을 기반으로 하는 기술회사의 리더와 미래의 리더가 되고자 하는 공학도가 가져야 할 역량을 도출합니다. 높게 설정한 목표를 제대로 정확히 빠르게 실행하는 방법으로 경쟁 비교 지표Competition Comparison Chart 활용 방법, 개방형 혁신Open Innovation의 전략적 실행 방안, 포괄적 과제 성과 지표Project Score Card 관리를 통한 강력한 리더십 구현 방법을 소개합니다.

이 방법론들은 배터리를 중심으로 한 에너지·환경 소재, 디스플레이 소재, 반도체 공정 소재를 연구개발하는 과정에서 제가 실제로 추구하고 실행한 내용들입니다. 그리고 정확하게 의미를 전달해야 하는 부분은 정보 보안에 문제없는 수준의 케이스 스터디를 소개하거나 논문과 국제학회 등에 발표한 내용을 발췌해 설명했습니다.

연구개발 현장에서 세계 최고World Best와 세계 최초World First 기술을 확보하는 것을 끊임없이 추구하는 후배 연구개발자들 그리고 기술혁신으로 이룬 미래를 꿈꾸는 공학도들이 '제대로' 된 방향과 목표의 설정과 '제대로' 된 실행 방법을 고민할 때 이 책이 작은 나침반으로 활용되길 희망합니다.

2026년 1월

장혁

1장

갈망
: 절대적인 완전함을 추구한다

1

갈망의 수준만큼 성장한다

"좋은 것은 위대한 것의 적이다Good is the enemy of great."[2]

미국 경영 컨설턴트 짐 콜린스가 저서 『좋은 기업을 넘어 위대한 기업으로』에서 위대한 수준과 괜찮은 수준을 가르는 결정적 차이를 설명하기 위해 쓴 첫 문장입니다. 그는 현재의 수준에 만족하거나 미래를 정적으로 바라보면 위대한 경지에 오르기 어려우므로 좋음에서 위대함으로 가야 함을 설명합니다.

갈망Aspiration은 개인과 조직이 추구하는 미래 수준을 지향하는 것입니다. 그 수준을 바라보는 눈높이를 현재 각자가 놓인 상황에서의 표준Standard으로부터 글로벌 표준Global Standard 혹은 그 이상으로 높이는 것이 필요합니다. 이러한 눈높이를 기준으로 설정한 목표가 갈망 수준Aspiration Level입니다. 급진적인 혁신이 필요하거나 무한 경쟁하는 기술회사의 개인과 조직은 갈망 수준을 최고로 높여야 합니다. 그 목표 설정Goal Setting에 따라 개인과 조직 성장의 한계가 결정되기 때문입니다.

이론적 한계치를 지향하자

"나는 여전히 배고프다I'm still hungry."

거스 히딩크 감독이 한 말입니다. 대한민국 축구를 역사상 최초로 월드컵 16강에 올리는 쾌거를 이루자 마자 내놓은 일성으로 극한의 갈망 수준을 보여주는 대표적인 사례입니다. 이후 당시 세계 최강인 이탈리아와 스페인을 넘어 4강까지 진출합니다. 이 성과는 당분간 재현이 불가해 보입니다.

"끊임없이 갈망하고 늘 우직하라Stay Hungry, Stay Foolish."

스티브 잡스가 2005년 스탠퍼드대학교 졸업식 기념사로 한 말은 고정된 목표가 아니라 동적인 미래를 바라보는 끝없는 갈망 수준을 언급한 것으로 생각합니다. 또한 삼성전자 권오현 회장이 저서 『초격차』[3]에서 언급한 '초일류'는 기술회사의 언어임에도 일반인들 사이에서도 많이 사용되고 있습니다. 초일류란 갈망 수준을 최고로 끌어올린 저 너머 혹은 비정상을 의미합니다.

이러한 사례는 모두 현재의 제약조건에서 이론적 한계치를 지

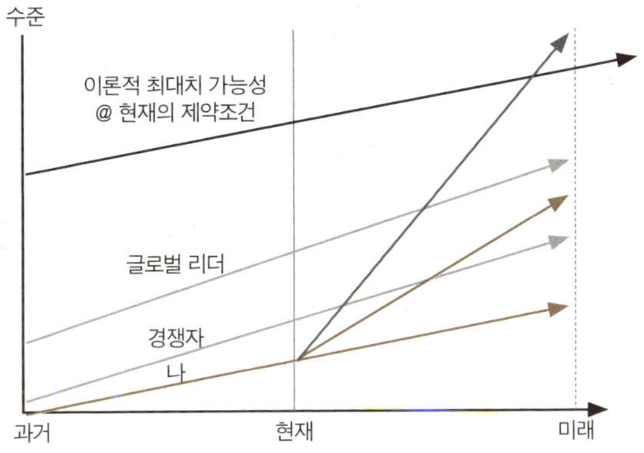

향하는 것입니다. 자신과 조직이 속한 분야에 종사하는 경쟁자와 경쟁 조직의 미래 수준은 물론 글로벌 최고 리더의 미래 수준을 예측해보고 그것을 뛰어넘는 점진적이고 도전적인 목표를 설정해야 합니다. 이 과정에서 작은 성공을 체험하면서 목표를 최고로 높일 수 있습니다. 이를 통해 최대 갈망 수준이 정의됩니다. 즉 현재 자신의 수준에 미래 수준을 더하고, 경쟁자는 물론 글로벌 리더의 미래 수준을 더하고, 추가로 이론적으로 최대 가능성을 극복하는 가치를 더하여 최대 갈망 수준을 정할 수 있습니다.[4]

갈망 수준을 최고로 끌어올린 예술가와 혁신적인 기업가는 창조적 혁신, 항상 불만족, 진정성 있는 몰입이라는 공통점이 있습니다. 위대한 예술가는 자신이 완성한 수준에 절대 만족하지 않고 최선을 넘어 완벽을 추구합니다. 악성樂聖으로 불리는 베토벤은 만족 없는 극단을 추구한 작곡가입니다. 그는 스스로 운명에 져서는 안 된다, 결코 후회를 남겨서는 안 된다는 신념으로 작곡

악성 베토벤은 '운명에 져서도, 후회를 남겨서도 안 된다.'는 신념을 가졌고 김정희는 "칠십 평생 글을 쓰는 동안 벼루 열 개의 바닥에 구멍을 뚫었고 붓 천 자루의 털이 다 빠졌으나 내 글씨는 아직 부족하다."라며 만족함 없는 갈망을 드러냈다.

에 임했습니다.

김정희는 추사체라는 글씨, 「세한도」로 대표되는 그림, 그리고 시와 산문에 이르기까지 학자와 예술가로 조선 후기 최고의 경지에 이른 인물입니다. 그는 자신의 서예에 대해 칭송하는 편지를 보내온 친구에게 '오서수부족언吾書雖不足言 칠십년七十年 마천십연磨穿十研 독진천호禿盡千毫'라는 서한을 보낸 것으로 유명합니다. 그는 "칠십 평생 글을 쓰는 과정에서 벼루 열 개를 갈아 바닥에 구멍을 뚫었고 붓 천 자루의 털이 다 빠졌다. 그러나 내 글씨는 아직 말하기에 부족함이 있다."라고 할 정도로 극한을 추구했습니다. 이러한 갈망으로 자신만의 독특한 서체를 만들어낸 것입니다.

항상 현재 수준에 불만족하며 창조적 혁신을 추구하는 과정에서 최고의 성과를 이룬 기업가들도 있습니다. 애플 CEO 스티브

스티브 잡스는 "완벽해질 때까지 계속 거절하라."라고 말했고 마이클 델은 "3초 축하"를 제안했으며 이건희 회장은 "지금이 진짜 위기"임을 강조했다.

잡스는 "완벽해질 때까지 계속 거절하라Keep saying No until it's absolutely perfect."라고 강조했습니다. 델 CEO 마이클 델은 회사가 큰 성과를 이루었을 때 직원들과 함께 3초간 손뼉을 치고 즉각 다음 단계를 도전하는 '3초 축하Three Seconds Celebration'로 유명합니다. 삼성 이건희 전 회장은 "지금이 진짜 위기"[5]라는 촌철살인의 말로 최고의 갈망 수준을 드러내며 직원들을 독려했습니다. 운동선수로는 2024년 런던 올림픽 양궁 금메달 3관왕을 달성한 김우진 선수가 우승 후 밝힌 "축하는 오늘까지, 내일부터 4년 뒤를 준비"하겠다는 소감도 세계 최고에 대한 갈망과 위기의식을 표현한 것이 아닐까 싶습니다.

최고 수준보다 120% 높게 설정하라

연구개발 과제의 목표는 상상이 가능한 최고 수준보다 120% 더 높게 목표를 설정해야 합니다. 그 목표는 경쟁 조직이나 그와 유사한 타 조직과 비교해야 하고 현재 제약조건에서 이론적으로 최대 가능성과 비교하여 그보다 우위로 설정해야 합니다. 이는 앞에서 설명한 동적인 미래에 대한 끝없는 갈망 수준인 움직이는 목표Moving Target에 해당합니다. 특히 치열하게 경쟁하는 분야에서는 차원Order이 다른 목표를 설정해야 합니다. 1등이 되려면 남과의 비교우위에 만족할 것이 아니라 초격차 수준에 도전해야 합니다.

다음의 표 「갈망 수준을 과제목표로 설정한 사례」에 소개된 소재 기술들은 연구개발 과제별 착수 시점인 2010년대 초반의 현 수준*을 근거로 경쟁 수준 이상의 움직이는 목표로 달성 목표를 설정하되 상상 이상의 갈망 수준을 향한 목표 설정의 사례입니다.

양자점과 폴더블 광학 필름은 각각 비카드뮴계로 양자효율 93%와 영하 10도에서 20만 회 굽힘·펼침 내구성의 갈망 수준을 달성함으로써 소재 상용화에 성공해 해당 세트(양자점 디스플레이, 폴더블 스마트폰)를 세계 최초로 출시했습니다. 리튬코발트 산화물LCO도 갈망 수준의 충전 전압인 4.47볼트가 가능한 소재를 개발하여 스마트폰용 배터리를 양산 중이며 현재는 그 이상

갈망 수준을 과제목표로 설정한 사례

소재기술	부품	제품군	중점항목	현 수준*	경쟁 수준	달성목표	갈망 수준
양자점	LCD패널	TV	양자효율	카드뮴계 90% (2012년)	카드뮴계 85%	카드뮴 기반 93%	비카드뮴 93%
폴더블 광학필름	OLED 패널	폴더블 휴대폰	폴딩 내구성	상온 10만 회 (2013년)	상온 5만 회	상온 20만 회	영하 10도 20만 회
리튬코발트 산화물	리튬이온 전지	휴대폰	충전 전압	4.43V (2014년)	4.4V	4.45V	4.47V
리튬금속 산화물	리튬이온 산화물	전기차	니켈 함량	88% (2015년)	80%	91%	94%

의 4.5~4.53볼트에 도전하고 있습니다. 또한 리튬금속산화물$_{NCA}$
은 달성 목표인 니켈 91%를 세계 최초로 확보하여 세계 최고 배
터리를 양산 중이며 갈망 수준인 니켈 94%를 향한 치열한 연구
개발이 진행 중입니다. 경쟁사 수준 – 현재 수준 – 목표 수준 – 갈
망 수준을 상세하게 관리하는 방법론은 5장에 서술한 경쟁비교
지표 작성법을 참고하길 바랍니다.

연구개발 과제의 리더는 해당 분야의 경쟁자가 누구인지를 명
확히 아는 것이 필요합니다. 동일 기술에 대한 전문 지식을 보
유한 대학의 교수나 경쟁사 연구소에서 동일 아이템 개발을 주
도하는 전문가가 누구인지 알아야 합니다. 또한 그들의 목표 수
준은 어떠한지, 어떠한 연구 방법과 실험 장비로 개발하는지, 개
발 역량과 전문 지식은 나와 비교하여 어떠한지 등을 자세히 파
악해야 합니다. 물론 위법 소지나 법규 준수$_{Compliance}$ 문제가 없는
수준의 센싱$_{Sensing}$ 과정을 통해 분석합니다. 비교 대상은 당연히

자신보다 우월한 조직 혹은 더 나아가 초우량 조직의 리더로 설정해야 합니다. 이를 통해 본인의 기술 리더십과 역량이 경쟁 우위가 되도록 하는 노력을 병행해야 합니다.

지금이라도 내 조직과 기술 경쟁을 하는 기관의 이름과 그 안에서 나와 동일 업무를 수행하는 리더의 이름을 적어보고 나와의 개인적 역량 비교를 기본으로 그 조직의 현 수준과 목표를 내 조직의 목표와 비교해 보기 바랍니다. 그와 그 조직이 빠르게 변하고 도전하는 한 무한 기술 경쟁을 수행하면서 나와 내 조직이 항상 위기임을 인지하고 후회 없는 절대적인 완전함을 지속해서 추구함이 기술회사 연구개발자의 갈망 수준일 것입니다.

2

'먼저' 전략으로 미래를 예측하자

"미래의 변화는 도둑처럼 우리 앞에 다가온다."[6]라고 합니다. 미래학자 피터 드러커는 "미래는 예측의 대상이 아니라 내가 오늘 만들어가는 창조의 대상이다."[7]라고 이야기했으며 인문학자 정진홍은 "우리에게 다가올 미래는 결정된 숙명이 아니라 미완의 씨름터이자 싸움터이며 이 순간순간에 빚어지는 도자기와 다름없다."[8]라고 설명했습니다. 미래는 수동적으로 기다리시 말고 능동적이며 적극적으로 창조해가야 하는 대상입니다. 그러므로 미래를 개척하는 기술회사의 리더는 본인이 개발하려는 기술의 방향을 정확하게 예측하고 정량적인 목표를 설정하여 경쟁자보다 '먼저in advance' 착수하여 추진해야 합니다. 연구개발 과제의 성공적 수행에서 가장 우선해야 할 전략입니다.

먼저 예측하고 실행해야 이긴다

기술 개발 전략을 계획할 때 가장 중요하고 당연한 항목은 '이기는 전략'을 수립하는 것입니다. 많은 자원을 소모하여 소정의 목표를 달성했으나 경쟁사 대비 열세하거나 혹은 동등한데도 늦게 달성하여 의미 없는 결과로 판정받은 경험이 있을 것입니다. '지는 전략'을 수행한 결과입니다.

기술 개발 전략은 물론 제품 전략에서도 지는 전략을 수행하는 우를 범하는 경우가 있습니다. 기술을 확보했는데도 불구하고 제품 전략을 적기에 수립하지 못해 발생하는 경우입니다. 이를 '실기失期'라고 표현하기도 합니다. '지피지기 백전불태知彼知己 百戰不殆'의 의미를 되새길 필요가 있습니다. 내부는 물론 외부의 시각으로 경쟁 조직을 실시간으로 주도면밀하게 센싱함으로써 압도적 기술력을 제품으로 '먼저 완성'하여 시장에 '먼저 진입'해야 합니다. 세계 최고의 성능, 가격, 품질을 세계 최초로 확보함이 중요한 무한 경쟁의 싸움터에서는 경쟁력 있는 목표 수립은 물론이고 경쟁자보다 '먼저 예측'하고 '먼저 수행'하는 것이 '이기는 전략'의 시작입니다.

먼저는 '빠르게'가 아니라 '먼저 실행'이다

또한 '제대로 알앤디'의 근간이 '먼저, 제대로, 끝까지'[9]임을 고려한다면 이기는 전략의 최우선 수행 항목은 '먼저'입니다. 여기서 '먼저'의 의미는 '빠르게'와 다릅니다. 당연히 빠르게 추진함도 포힘되겠으나 '먼저 시작함'을 우선 의미합니다.

스포츠 경기에서 먼저 출발하는 것은 규정에 어긋나는 부정출발입니다. 그러나 기술 지식과 정보가 실시간으로 공유되고 역량이 우수한 수많은 집단이 기술을 확보하기 위해 치열하게 경쟁하는 기술 기반 사업에서는 다릅니다. 사업의 성공을 위해서는 연구개발 과제를 가장 먼저 시작해야 합니다. 이는 최고가 되고자 하는 갈망의 시작입니다.

먼저 출발[10]

3

이기는 전략 로드맵을 작성하자

기술 개발을 제대로 하기 위해서는 먼저 정확한 '기술 로드맵 Technology Roadmap'을 수립해야 합니다. 학습곡선에 기반하여 기술의 진화 방향을 예측하되 기술 트리에 근거하여 기술 단계별 분석을 통한 요소기술 로드맵Core Technology Roadmap과 소재 – 부품 – 세트 – 공정 – 설비를 아우르는 그랜드 스케일 로드맵을 수립합니다. 또한 소재 – 부품 – 세트의 개발 로드맵은 기술 상호 간에 필요성과 요구 성능이 연계된 동기화 로드맵Synchronized Roadmap[11]을 수립함으로써 부문 간 기술을 연결합니다. 이에 더하여 사업화 일정이 포함된 제품 로드맵Product Roadmap과 기술 확보를 위한 과제 로드맵Project Roadmap이 모두 연계되면 제대로 된 연구개발 전략,

즉 이기는 전략 로드맵Winning Strategy Roadmap이 완성됩니다.

그리고 이와는 별개로 10년 이상의 장기적인 기술 테마에 대해서는 미래의 특정 시점을 목표로 설정하고 그 시점에 필요한 기술을 예측하는 기법 백캐스팅Backcasting도 기술 로드맵 수립에 유용합니다.

학습곡선의 이해는 기술 로드맵의 시작이다

연구개발 목표를 설정할 때 해당 기술의 발전 과정을 정확히 이해해야 앞으로 나아갈 기술의 방향을 객관적인 시각으로 예측할 수 있습니다. 이에 활용할 수 있는 대표적인 기법이 학습곡선Learning Curve 기반 예측입니다.

학습곡선은 특정 기술 또는 지식을 실제 필요한 업무와 동일 환경에서 효율적으로 사용하기 위해 소모되는 학습 비용(시간 포함)을 의미하기도 합니다.[12] 특정 기술을 습득할 때 처음에는 학습 효과가 더디다가 어느 정도 이해하고 나면 빠르게 습득합니다. 그러다가 이후에는 다시 곡선이 더디게 나타내기도 합니다. 이처럼 학습곡선은 기술의 발전 과정을 이해할 때 유용한 도구로 활용할 수 있습니다. 학습곡선의 연장선상에 앞으로 나아갈 방향을 정량적으로 표기하면 연구개발 과제의 기술, 목표 수준, 일정을 설계할 수 있고 더 나아가서는 기술 로드맵으로 완성됩

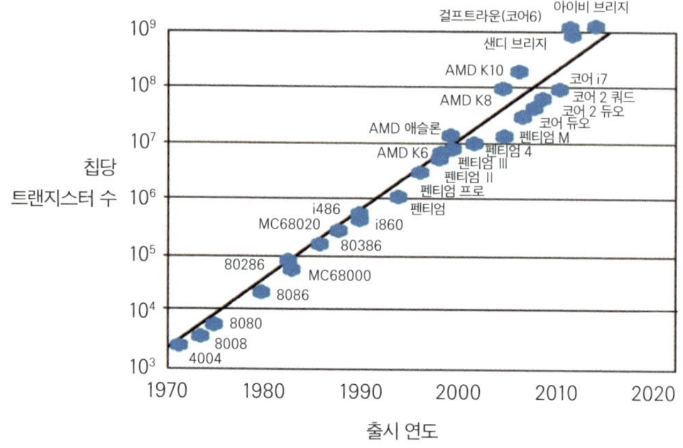

니다.

엔지니어가 아닌 분들도 이해하는 학습곡선 활용의 대표적인 예는 반도체 집적회로(칩)의 성능이 24개월마다 2배로 증가한다는 무어의 법칙Moore's Law**14**을 따라가는 기술 진보 실적과 향후 예측도 좋은 사례입니다.

한 단계 더 상세하고 실질적인 예를 들자면 태양전지Solar Cell의 광전 변환 효율과 관련하여 공신력 있는 기관의 평가 데이터를 시간 축으로 정리한 학습곡선이 있습니다. 미국 국립재생에너지 연구소NREL, National Renewable Energy Laboratory는 1976년 이후 매년 기술별 연구개발의 결과로 제작된 프로토셀Proto Cell의 효율을 검증하여 기술 발전 과정을 정확하고 객관적으로 표기하는 것으로 유명합니다.

전 세계 태양전지 기술팀들이 이 곡선상에 데이터 포인트Data

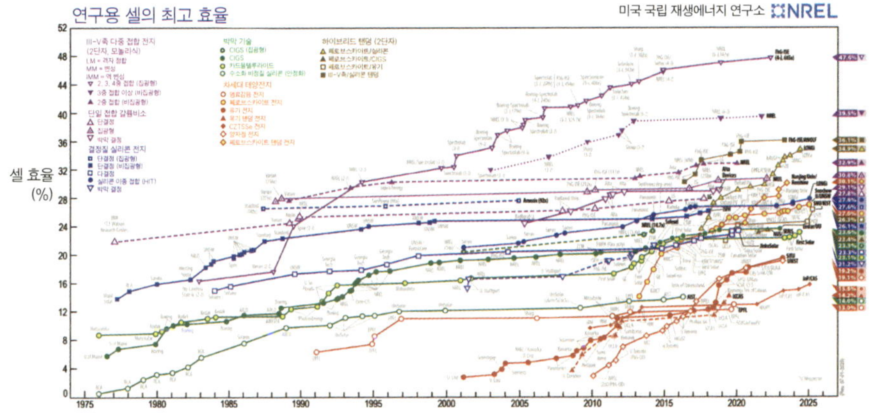

Point 한 개를 찍기 위한 연구-개발-평가 과정이 얼마나 치열한지는 언급할 필요가 없겠죠. 이를 통해 다음 세대 기술의 종류, 수준, 개발 시점 등을 가장 정확하게 예측할 방법으로 활용할 수 있습니다.

그림 「태양전지의 광전 변환 효율 학습곡선」을 보면 셀의 광전 변환 효율과 검증 시점을 양축으로 하여 효율 향상에 적용된 기술별로 해당 기술을 완성한 기관의 명칭과 함께 표기되어 있습니다. 초반에 효율 향상을 보이다가 정체된 기술과 개발의 시작은 늦었으나 최근에 급격히 상승하는 기술은 물론 이론석 한계치 혹은 실질적 한계치에 도달하여 더 이상 진척이 없는 기술들이 모두 표현되어 있습니다.

태양전지의 상용화를 이끈 결정계 실리콘 기술은 2005년에 집광계 도움 없이 효율 23%에 도달한 이후 2017년 26%에 이어 현재까지 기술의 진보가 정체되어 실질적 한계치에 도달한 것으로 보입니다. 한때 실리콘을 대체하여 고효율 기술로 주목받은 박막계CIGS(구리, 인듐, 갈륨, 셀레늄을 재료로 사용하는 얇은 박막 형태의 태양전지 기술)는 2010년 이후 괄목한 상승이 있었으나 효율 24%의 벽을 깨지 못하고 있습니다. 최근 연구개발이 활발한 페로브스카이트Perovskite계 기술은 지난 10년간 두 차례의 기술적 진보를 이루어 33% 이상의 효율을 확보했음을 알 수 있습니다. 또한 신기술인 양자점과 유기Organic계 기술 등은 지속해서 개선되고 있으나 절대 효율이 실리콘계에 미달합니다. 그래서 과연 이론적 한계치 혹은 실질적 한계치가 어디에 있는지 다시 한번 계산해야 할 시점으로 보입니다. 향후 태양전지 기술의 미래는 페로브스카이트계의 추가적 진보 혹은 저가격의 실리콘계를 이용한 접합점Junction 설계 기술이 나아갈 방향인 듯합니다.

학습곡선은 이렇듯 향후 5년, 10년을 목표로 도전해야 할 기술이 무엇이고, 그 기술의 목표를 어느 수준으로 설정해야 하는지 목표 설정에 활용할 수 있고, 설정한 목표가 경쟁력이 있는지 가늠할 수 있습니다. 즉 기술 로드맵 수립의 근거가 되는 것입니다.

다음은 앞에서 설명한 태양전지의 경우를 응용하여 리튬이온전지LIB, Li Ion Battery의 에너지밀도 향상에 가장 큰 역할을 하는 소재 기술인 양극 활물질의 용량밀도에 관한 학습곡선을 미래 기술까지 추가한 형태로 작성한 것입니다.

그림 「양극 활물질(리튬이온전지) 용량 학습곡선」은 고용량 기

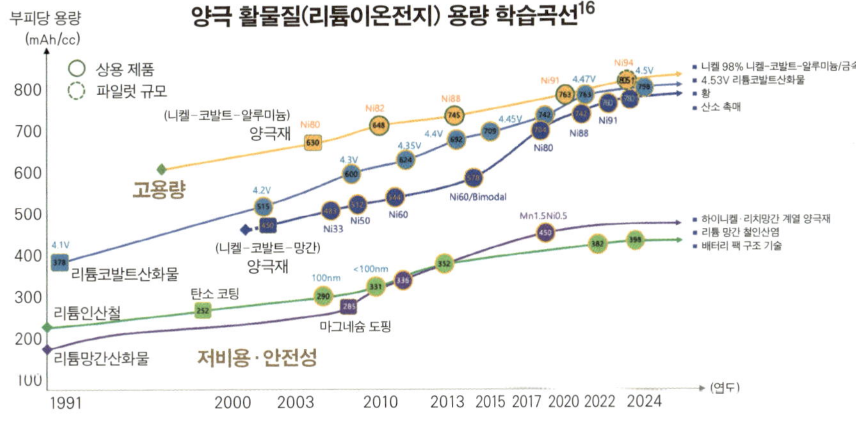

술과 저가격 기술로 분야를 나누어 각각에 해당하는 활물질의 조성별 용량밀도의 발전 과정과 핵심적으로 적용된 기술을 표기한 것입니다. 이에 더하여 분야별로 미래 기술의 발전 방향에 관한 기술을 추가로 표기했습니다.

고용량 활물질의 경우는 리튬이온전지가 최초 상용화된 1991년 리튬코발트산화물LCO, Lithium Cobalt Oxide 조성으로 400mAh/cc의 용량밀도가 충전 전압 4.1볼트에서 구현됐습니다. 그 후 충전 전압의 증대에 따른 용량밀도 증가로 이어지는 기술 진보(4.2볼트→4.3볼트→4.35볼트→4.45볼트→4.47볼트)를 이루어 왔습니다. 현재 대부분의 스마트폰에는 4.47볼트, 763mAh/cc의 용량밀도를 구현하는 리튬코발트산화물 활물질이 적용된 리튬이온전지가 탑재되어 있고 현재는 4.5볼트를 향한 연구가 경쟁적으로 진행 중입니다. 이것이 전기화학 기반의 실질적 한계인 4.53볼트까지 도전해야 하는 이유입니다. 이 과정은 앞부분의 갈망 수준에서도 언급한 바 있습니다.

그리고 리튬이온전지의 시장 확대에 가장 큰 역할을 하는 전기차의 경우 리튬코발트산화물과 대비하여 가격에서 유리한 리튬 니켈 코발트 망간 산화물NCM, Lithium Nickel Cobalt Manganese Oxide, 리튬 니켈 코발트 알루미늄 산화물NCA, Lithium Nickel Cobalt Aluminum Oxide 조성을 적용하기 시작했음을 유추할 수 있습니다. 또한 용량 증대와 가격 저감을 위해 니켈 함량 증대와 코발트 사용량 저감이 개발의 방향이었음을 확인할 수 있습니다.

즉 리튬 니켈 코발트 망간 산화물은 니켈 함량 33% →50% →60% → 80% → 88%까지 발전했습니다. 리튬 니켈 코발트 알루미늄 산화물의 경우는 니켈 함량 80%부터 시작하여 88%와 91%까지 상용화됐습니다. 현재 시판되는 전기차에는 니켈 88% 리튬 니켈 코발트 알루미늄 산화물 혹은 니켈 80% 리튬 니켈 코발트 망간 산화물을 통해 700~740mAh/cc의 용량밀도가 구현된 양극 활물질이 적용된 리튬이온전지가 탑재되어 있습니다. 일부 프리미엄 차량에는 가장 최근 양산에 성공한 니켈 91% 리튬 니켈 코발트 알루미늄 산화물(용량밀도 763mAh/cc)이 적용되어 있습니다. 이후 두 기술 격차는 최소화되는 경향이고 니켈 94% 구현을 위한 연구가 경쟁적으로 진행 중인 상황입니다. 특히 수명 안정성을 기반으로 할 때 실질적 한계로 판단되는 니켈 98%까지 도전할 때 학습 곡선상에 표현된 바대로 리튬 니켈 코발트 알루미늄 산화물과 리튬 니켈 코발트 망간 산화물의 경계가 무너진 니켈 코발트 알루미늄 망간NCAM 혹은 니켈 코발트 망간 알루미늄NCMA의 조성으로 완성되리라 예측합니다. 이 외에도 황Sulfur과 산소Oxygen 등의 새로운 화학을 적용한 차세대 기술까지 모두 정량화하여 기술 로드맵에 반영해야 합니다.

가격은 저렴하나 주행거리가 비교적 짧은 기종인 엔트리급 전기차 용도로 인식되는 낮은 가격과 낮은 에너지밀도의 리튬이온전지를 위한 양극 활물질은 리튬 철 인삼염LFP, Lithium Iron 'Fe' Phosphate과 리튬 망간 산화물LMO, Lithium Manganese Oxide의 학습곡선으로 대변됩니다. 이는 최근 전기차 산업의 캐즘Chasm 극복과 배터리 저가화에 핵심이 되는 소재입니다. 학습곡선에 일부 표기된 바와 같이 저가격 활물질은 표면 처리, 입도 조절, 소성 최적화, 제2원소 치환 등의 기법으로 부족한 용량밀도를 증대하는 방향으로 연구개발이 되어 왔습니다. 그러나 수년간 커다란 진보는 없는 상황에서 저가격·고용량의 신규 활물질인 리튬 니켈 망간+X원소 치환NMX, Lithium Nickel Manganese Oxide+X, 리튬 니켈 망간산화물 철 인산염LMFP, Lithium Manganese Iron 'Fe' Phosphate 등의 신규 조성은 물론 셀 구조와 시스템 혁신 기술 등 학습곡선의 연장선에 해당하는 기술들을 고민하여 기술 로드맵에 반영해야 합니다.

리튬이온전지의 에너지밀도와 관련하여 양극 활물질에 이어 기술적 기여가 큰 음극활물질의 학습곡선은 다른 형태로도 해석합니다. 그런데 용량은 물론 출력과 충전 속도에도 영향을 주는 소재이므로 용량밀도와 충전 속도를 축으로 작성했습니다.

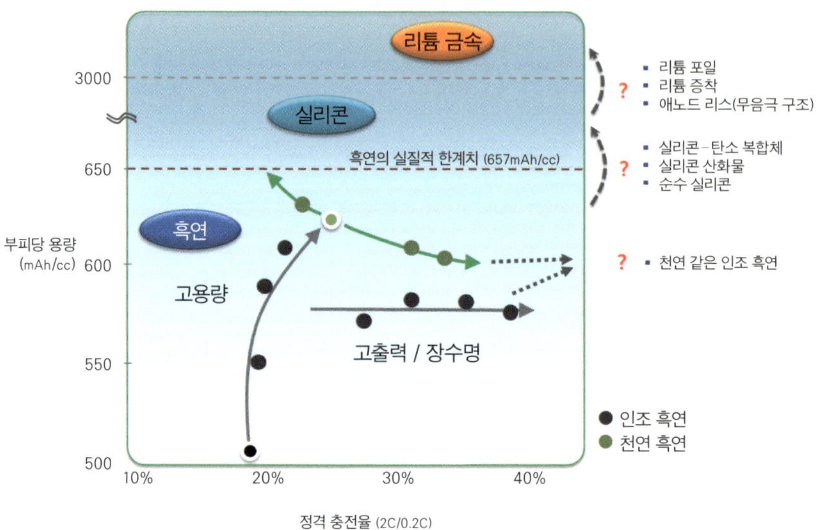

천연 흑연은 기본적으로 용량밀도가 우수한 기술(630mAh/cc)로서 용량 증대는 물론 충전 속도를 개선하는 방향(25→35%, 0.2C 대비 2C 충전율)으로 기술이 진보했습니다. 충전 속도에는 유리하나 용량이 절대적으로 불리한 인조흑연은 약점을 보완하는(5005→5 610mAh/cc) 동시에 적절한 용량을 기준으로 장점인 충전 속도를 더욱 강화하는(28→40%) 기술이 개발됐습니다. 물론 상용화된 셀에서는 두 가지 흑연을 용량, 출력, 충전 속도, 가격, 수명 등 요구 성능에 맞게 블렌딩하여 사용하고 있습니다.

이러한 학습곡선으로부터 기술의 발전 방향은 인조흑연의 성능을 갖는 천연 흑연Artificial-like Natural Graphite, 즉 인조 대체 천연 흑연의 개발이 될 것입니다. 흑연의 리튬이온 저장 메커니즘인 흑연충상 구조 내 리튬이온의 삽입과 탈리를 뛰어넘는 새로운 개념의 소재 개발도 필요함을 알 수 있습니다. 이는 새로운 메커니즘인 실리콘의 합금화Li Alloying 혹은 탈합금화De-alloying를 이용한 실리콘 탄소 복합재Si Carbon Composite, 실리콘 산화물Si Oxide, 고순도 실리콘Pure Si 기술일 것입니다. 혹은 아예 리튬이온전지의 전기 화학적 에너지 변환의 원천인 리튬 자체를 음극으로 활용하는 리튬 금속Li Metal 음극 기술일 것입니다. 이렇듯 기술의 진보로 지난 30년간의 학습곡선으로부터 분석해내고 이론적, 정량적으로 상세 기술을 도출해낸다면 기술 로드맵 수립의 근거로 활용할 수 있습니다.

배터리 기술 분야 이상으로 기술 혁신의 속도가 빠르고 시장에서 기술 경쟁이 치열한 분야인 반도체용 소재도 소개합니다. 에폭시 몰딩 컴파운드EMC, Epoxy Molding Compound는 실리카SiO_2 등을 이용한 필러Filler, 고분자 에폭시 수지Epoxy Resin, 촉매로 구성된 소재로서 반도체 소자를 열적, 기계적 충격으로부터 보호하여 반도체 특성과 제조 수율을 제고하는 데 중요한 패키징 소재입니다.

좀 더 상세하게 보면 반도체의 성능과 기능이 지속해서 고도화되는 과정에서 로직Logic, 시모스 이미지 센서CIS, 고대역폭 메모리HBM용 반도체 패키지의 박형화, 적층 증대에 따른 반도체 소자의 휨Warpage 제어, 빈 곳Void 억제가 필요합니다. 그리고 고객별 패키지 디자인에 따라 공정 중 휨 제어 맞춤 설계와 소재 혁신이 요구되는 기술입니다. 핵심 관리 항목으로 소재의 유동성, 신뢰성 등

에폭시 몰딩 컴파운드 휨 학습곡선[17]

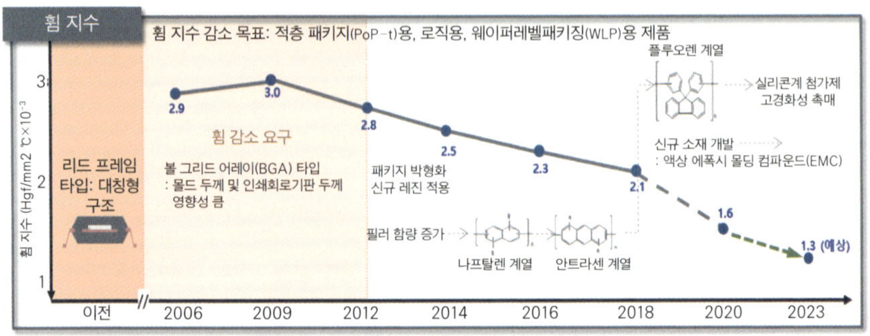

이 있으나 가장 중요한 휨 특성에 대한 학습곡선을 통해 2018년
까지의 학습곡선을 기반으로 2023년을 예측한 바 있습니다.

위의 그림 「에폭시 몰딩 컴파운드 휨 학습곡선」을 보면 반도
체 패키징 소재의 휨 지수Warpage Index(공정 온도에서 휨을 일으키는 힘
의 크기를 표시)의 저감 수준에 대하여 업계의 기술 상용화 시점을
축으로 표기했습니다. 2006년 이전까지의 대칭형 리드 프레임
Lead Frame 구조에서는 기술 진보가 없었으나 이후 몰드Mold와 인쇄
회로기판PCB, Printed Circuit Board 두께의 변화에 따른 영향이 커지면서
신규 수지 소재, 필러량 증대, 필러 고분자 조성 개선 등을 통해
2006년 휨 지수가 2.9~3.0 수준에서 2018년 2.1 수준으로 저감
됐음을 알 수 있습니다. 이러한 학습곡선을 근거로 하여 1.3 수
준으로 저감하는 것을 목표로 설정하여 불소계 필러, 실리콘계
첨가제, 고경화성 촉매 등의 기술 개발 전략을 도출했습니다.

최근에는 유동성과 휨 특성은 유지하면서 방열 특성을 더욱 강
화한 고방열 에폭시 몰딩 컴파운드 개발로 제품 차별화에도 성과

리튬이온전지 학습곡선[18]

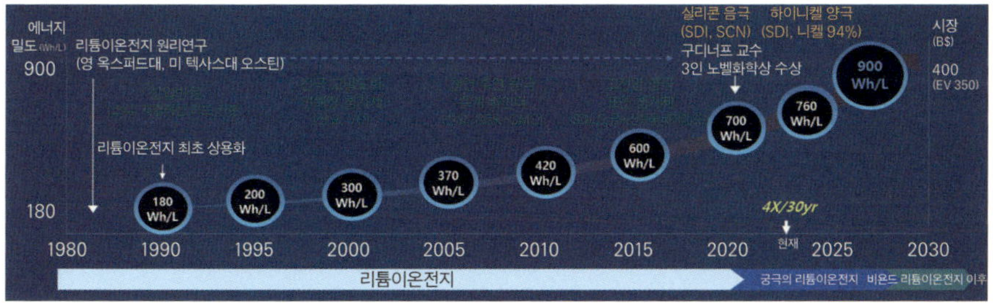

를 내고 있습니다. 이렇게 학습곡선을 통해 제품이 요구하는 다양한 특성(휨, 유동성, 신뢰성)의 고도화와 최적화를 기술 로드맵에 반영함으로써 전략적인 연구개발이 가능하게 된 예입니다.

소재 단계의 학습곡선은 이후에 소개할 요소기술 로드맵 구축의 근간이 될 것입니다. 그 전에 이러한 요소기술을 기반으로 제품(배터리의 경우 셀) 단계의 학습곡선을 그려봄으로써 해당 기술의 최종 제품이 어떻게 진화하고 있고 향후 방향은 어떠할지 큰 그림으로 상상하는 것도 중요합니다.

리튬이온전지가 최초 상용화된 1991년을 기점으로 2024년까지의 에너지밀도(소비자가 최우선으로 고려하는 사용 시간, 주행거리의 핵심 항목)에 대한 기술 진보를 표현한 0단계 수준의 학습곡선[18]을 소개합니다. 학습곡선상에 표기한 대로 단계별 에너지빌노 증가를 위해 초기에는 극판 밀도 증대 기술, 전해액 첨가제 기술 등에 이어 흑연 음극 기술, 바인더 기술이 주효했습니다. 이후에는 고전압 양극, 실리콘 음극, 고 니켈High Ni 양극 기술 등이 기술 발전을 끌고 왔습니다. 즉 최초 180Wh/L로 시장에 등장한 기술이

2023년 700Wh/L 수준으로 발전하여 30년간 약 4배가 증가한 것으로 기록됩니다.

물론 앞에서 언급한 무어의 법칙으로 설명되는 물리학을 기본으로 한 반도체 기술과 비교하면 기술 진보의 속도가 매우 느린 학습곡선임은 사실입니다. 그러나 전기화학 기술에 근거한 효율 증대를 필요로 하는 기술임을 고려한다면 매우 의미 있는 기술 진보였습니다. 기초연구를 시작하고 원리를 밝혀낸 3명의 과학자가 2019년 노벨화학상을 받았습니다. 그건 이 기술이 혁신적이고 지속적인 도전을 통해 휴대용 전자기기, 전기자동차, 에너지저장시스템ESS, Energy Storage System 등 인류에 유익한 기술로 발전한 것의 결과일 것입니다. 그 과정이 학습곡선에 녹아들어 있습니다. 또한 리튬이온전지의 극한 도전으로 정의되는 궁극의 리튬이온전지Ultimate LIB[19]와 새로운 화학반응을 적용하여 리튬이온전지의 한계 극복으로 정의되는 비욘드 리튬이온전지Beyond LIB[19]를 구현할 기술 로드맵의 수립과 실행이 필요함을 알 수 있습니다.

기술 로드맵은 요소기술 로드맵으로 구체화한다

기술 로드맵은 기술 단계별 분석을 통해 '요소기술 로드맵Core Technnology Roadmap'으로 구체화해야 합니다. 그 구조의 근간이 되는 기술 트리에 대해 먼저 알아보겠습니다.

기술 트리

'기술 트리Technology Tree'는 체계적인 기술 전개를 통해 기술 이해는 물론 개발 전략 수립의 근간이 됩니다. 요소기술 로드맵이나 특허 트리 등에 응용하는 의미 있는 기법입니다. 여기서는 요소기술 로드맵을 설명하고 특허 트리는 3장에서 소개하겠습니다.

기술 트리의 1~2단계는 기술의 '기능'을 전개하고 3~5단계는 기술 구현을 위한 '방법'을 전개합니다. 표「리튬이온전지 소재 기술 트리」는 이러한 구도로 작성한 리튬이온전지용 소재에 대한 기술 트리[20]입니다. 전체적인 구도를 이해할 수 있도록 일반적인 내용만 발췌하여 소개합니다.

1단계	2단계	3단계	4단계	5단계
포집	용량	표면적 제어	기공 제어	산업
				자기조립 네트워크
			구조 제어	기동형 복합구조
				박피·박리
		활성적 제어	염기성 제어	결함 리치 산소
				알칼리 금속 첨가
			기공 제어	저 전자번호 금속 도판트
				헤테로 원자 첨가
	재현성	흡착·방충 에너지 제어	결합 강도 제어	혼합 금속산화물
				흡착 지지체 반응
			표면 친화도 제어	하이드록시화
				전자장 기울기
		고온 안정성	입자크기 제어	나노 입자
				소결 저항 입자
			상 안정성	전자공여그룹 링커
				란탄 화합물 첨가
	반응속도	확산 제어	층상 저항 제어	허니컴 구조
				요크-셀 구조
			기공 크기 제어	이형 크기 기공
				고차원 기공
		상 제어	결정 구조 제어	합성향 결정 구조
				고이동도 첨가제
			상 변화	고체~액체 변화
				공용 탄화물

1단계는 4대 소재의 기본 기능인 양극, 음극, 전해질, 분리막으로 구성합니다. 2단계는 1단계의 각 기술에 대한 설계, 합성, 평가, 분석 등 상세 기능을 전개합니다. 3단계부터는 2단계의 각 기술을 구현하는 방법을 상세하게 전개합니다. 2단계의 양극소재 설계 기술을 보면 3단계는 조성 설계, 물성 설계, 형상 설계 기술로, 4단계는 전극 물성 예측, 입자 크기 설계, 입자 형상 설계, 산화물 촉매 조성 설계, 금속 촉매 조성 설계, 반응 활성 계산 기술로, 5단계는 가장 기본이 되는 요소기술로서 일차입자·이차입자 크기 설계, 화학조성 설계, 상조성 설계, 반응 메커니즘

해석, 반응 속도 시뮬레이션 기술 등으로 분류하여 전개하게 됩니다.

표 「이산화탄소 포집 소재 기술 트리」는 또 다른 예로 최근 많은 이슈가 되는 넷 제로Net Zero를 통한 RE100(기업의 재생에너지 촉진을 위한 글로벌 캠페인) 구현의 핵심 기술로 분류되는 이산화탄소 포집과 전환 기술 중 포집 소재에 관한 기술 트리로서 기능 전개와 방법 전개를 더욱 상세하게 표현한 것입니다. 1단계를 포집 기능으로 정의하고 2단계에서 용량, 재현성 내구성, 반응 속도 등으로 상세 전개합니다. 3~4단계는 표면 제어, 반응 제어, 기공 제어, 구조 제어 등의 구현 방법을 정의합니다. 5단계는 상세한 메커니즘에 기반한 이온 삽입, 자가 조립, 기둥형 복합체, 박리 구조 등으로 전개합니다.[21]

이렇게 5단계 수준까지 기술 트리를 상세하게 전개하려면 관련 논문과 특허는 물론 원리를 설명하는 기초 학문 서적을 탐구함으로써 해당 기술에 대해 완벽히 이해하고 있어야 합니다.

기술로드맵 0단계와 1단계

다시 기술 로드맵으로 돌아와서 요소기술 로드맵의 상세한 설명을 위해 정보 보안에 문제가 없도록 2011년에 2020년 개발 완료를 목표로 설정한 전기차용 리튬이온전지 기술 로드맵[20]을 케이스 스터디로 소개합니다. 정량적 수치 등은 현시점에서 볼 때 오래된 내용이므로 표기된 기술 내용의 현재 구현 수준과 대

리튬이온전지(전기차용) 기술 트리 0단계[20]

구분		2011	2012	2013	2014	2015	2016~2017	2018~2020	2021~2025
환경분석	시장	닛산 리프		향후 10년, 전기차 시장 연평균 29% 성장 → 전기차 전체 자동차 시장의 14%(14.7M) 보급 예상 ('20)					
	규제		유럽 이산화탄소 규제 단계별 강화 (130g/km, '12~'19)			미국 연비규제 강화 (27.6 → 31.4('16) → 56.2mpg('25)			
	인프라	초고진공 등 전기차 충전기 사업 진출			런던 충전소 25,000개 설치 ('15)		독일 전역 인프라 구축 ('20)		
경쟁사	DOE		120			200			[단위: Wh/kg]
	NEDO					200		350 ('20)	
	업체	LG화학 150						250 (닛산)	
목표 적용 분야		미니 컴팩트			컴팩트			중형	대형
개발 로드맵 (Wh/kg)		140 / 160 km 165	200 km 180		250 km 200	300 km 230	350 km 300	400 km 500	500 km 700
요구 수준	양극	[mAh/g] 160	180		230	260	400	500	800
	음극	[mAh/g] 350	350		650	1100	1100	1300	1600

소재	LIB(리튬이온전지) (주행거리 > 100km)	차세대 LIB(리튬이온전지) (주행거리 > 200km)	혁신 LIB(리튬이온전지) (주행거리 > 300km)	리튬 금속 전지 (주행거리 > 500km)
양극	레이어드계	공랭 레이어드계	플루오라이드계	산소 촉매
음극	탄소계	실리콘계	나노 실리콘계	리튬 금속계
전해질	고전압 유기전해질	이온성 액체	무기계 고체전해질	산소 저장
분리막	박막 고강도 분리막	고내열 저수축 분리막	초고내열 유·무기 복합코팅 분리막	
셀	단일 젤리 롤 구조	멀티 젤리 롤 구조	적층 구조	3D 구조
팩	공랭	액체 냉각	직접 냉각	

비하여 정확도 등을 비교하기보다는 전체적인 구도와 구성 항목을 중심으로 이해하기를 바랍니다.

가장 거시적인 형태의 로드맵은 향후 10년간을 기본 축으로 하여 작성됩니다. 기술 트리 기반으로 설명할 경우 기술 로드맵 0단계에 해당하는 기술로 전개하되 거시적인 시장, 규제 등의 환경 분석과 함께 경쟁국 정부와 업체 등 경쟁 기관의 동향 분석을 우선하고 해당 기술이 적용될 최종 목표 시스템Target Application을 설정해야 합니다. 이를 기반으로 개발코자 하는 기술의 중점 관리 성능Y을 정의하여 목표 수준을 설정하고 그에 필요한 요소 기술x을 연계한 큰 그림을 완성합니다. 특히 Y값은 전기차용 전지의 기술 로드맵인 만큼 주행거리를 최우선 기능으로 판단하여 에너지밀도와 그에 해당하는 소재의 용량밀도로 설정했습니다.

리튬이온전지(에너지저장시스템) 기술 로드맵 0단계[22]

구분		2010	2011	2012	2013	2014	2015	2016~2017	2018~2020
환경분석	시장	924 MW($1.9B)					13.671 MW($21.6B)		33.422MW($42.6B)
	규제			[신재생 에너지 보급 비율 의무화, 에너지 사용 효율화 규제]				[미, 주거용 건축물 제로 에너지 의무화(2020)]	
	인프라	미국($100B), 유럽(€5B) 인프라·에너지 분야 적극 투자, 국내외 실증사업(제주실증단지 등) 본격화							
경쟁사	DOE	$2,500/kWh(sys)					$600/kWh(sys)		
	NEDO	100Wh/kg 20만엔/kWh(sys)			500원/Wh(Cell)		150Wh/kg 200원/Wh(Cell)		250Wh/kg 100원/Wh (Cell)
	업체	NGK [NaS]	A123 GS YUASA TOSHIBA [LIB, 100 Wh/kg]						
목표 적용 분야		[화재저항*(실증), 4MW, 16MW]		[화재저항, 내구성*]	[에너지저장시스템 전시*]		피크 시프트		[재생에너지 발전 등]
개발 로드맵		[단주기용: 고출력, 초장수명]			[장주기용: 저출력, 초장수명, 저가화]				
		100Wh/kg (50A Cell) 320원 /Wh(Cell)		150Wh/kg (100A Cell) 200원 /Wh(Cell)			200Wh/kg (200A Cell) 100원 /Wh(Cell)		

소재	LIB(리튬이온전지) (320원/Wh)	차세대 LIB(리튬이온전지) (200원/Wh)	포스트 LIB 흐름 전지 및 나트륨/마그네슘 배터리 (100원/Wh)
양극	올리빈(리튬 인산철, 리튬 망간 인산철)계	고용량 올리빈, 실리케이트계	전기촉매·산화물계
음극	흑연, 리튬 티탄산화물계	고용량 금속 산화물, 금속 합금계	전기촉매 나트륨·망간 금속 및 합금계
전해질	에틸렌 카보네이트계 유기전해질	내산화성·난연성유기전해질	산화·환원 커플 이온성 액체
분리막	고강도 폴리올레핀계	고내연성 유·무기복합 분리막	유·무기 하이브리드 멤브레인 분리막
셀	적층 구조·파우치형	권취 구조·각형	적층 구조
시스템	시스템 통합·유틸리티 업체 협업	전지관리, 시스템 통합 역량 구축	시스템 통합 (보조설비(BOP) 포함)

그리고 해당 용량밀도를 구현할 수 있는 소재 기술의 발전 방향을 단계별로 정의했음을 알 수 있습니다.

에너지저장시스템용 기술에 대한 로드맵[22]은 리튬이온전지 기술에 대한 로드맵과 형태는 동일하지만 환경 분석과 경쟁사 동향 분석의 대상은 물론 최종 시스템과 요소기술의 구성이 다르게 표현됩니다. 이 역시 10년간을 기본 축으로 하여 작성하되 특히 Y값으로 가격$_{Cost}$ 목표까지 포함한 예를 소개합니다.

앞에서 설명한 이산화탄소 포집과 전환 기술에 대해 2011년에 수립한 기술 로드맵을 소개합니다. 배터리와는 다르게 시스템 혹은 모듈 단계에서 이산화탄소 흡착량, 열 안정성, 전환율, 내구성을 Y값으로 설정했고 X값으로 정의된 포집과 전환의 요소기술들이 상호 보완 관계임을 표현하고 있습니다.

이산화탄소 포집과 전환 기술 로드맵 0단계[21]

구분		2011	2012	2013	2014	2015	2016	2017	2018	2019~2020
환경분석	포집				○ 2nd 글로벌 Climate (2013~)	○ $87B (시스템 25 DW 사전 혼합) / $18B (모듈) / $1.8B (소재)				○ $125B
	전환	○ 석유가격 상승 (〉 $100)에 따른 대체원료 활용기술 개발 필요성 증대			○ 탄소 배출권 적용	○ 예상시장 ($20.8B, 2015년)	○ 소재공정운전의 저가화 (기존 원료 대비 30% 절감)		○ 예상시장 ($34.3B, 2020년)	
제품	포집	PDP (프로세스 디자인 패키지)		○ CO₂ 흡착기 / ○ H₂ 멤브레인		○ CO₂ Ads. Capture PDP	○ Integrated CO₂ Capture PDP			
	전환	모듈, PDP			○ CO₂기반 연료전환촉매		○ CO₂기반 연료전환모듈		○ 내구성검증 전환모듈 ○ 인공광합성 모듈	

이산화탄소 포집 (흡착 / 용량 / 재생성 / 속도)

흡착	흡수율 흡착량: 20wt% / 열적 안정성: 400℃	흡수율 흡착량: 30wt% / 열적 안정성: 500℃	흡수율 흡착량: 30wt% / 열적 안정성: 500℃
용량	고표면적·기공구조 산화물 소재	활성점·극성 조절 유무기 복합 소재	표면적·활성조절 융합 소재
재생성	흡착세기·입자크기 조절 소재 설계	결정상·표면 친화도 유무기 복합 소재	고온안정 흡착에너지 융합 소재
속도	확산속도·기공분포 조절 소재 설계	층저항 결정구조 유무기 복합 소재	확산·상조절 융합 소재

이산화탄소전환 / 화학전환 (촉매 / 담체 / 모듈), 광전기화학 (흡광 / 촉매 / 모듈)

화학전환	전환율 (평형전환대비): 90% / 내구성 (전환율 유지 시간) 400hrs	전환율 (평형전환대비): 95% / 내구성 (전환율 유지시간) 700hrs	전환율 (평형전환대비): 95% / 내구성 (전환율 유지시간) 1000hrs
촉매	저탄소침적 알칼리 금속 소재	소결 저감 전이금속 소재	활성점제어 비귀금속 소재
담체	표면 친화도 알칼리 토금속 소재	고온 안정 란탄족 소재	고온·고표면적 융합 소재
모듈	균일 유동 구조 설계	열·압력 분포 균일화 설계	장기 운전방식 설계
광전기화학	태양광에너지 전환율: 0.5%	태양광에너지 전환율: 1%	태양광에너지 전환율: 3%
흡광	염료감응·반도체 접합 소재	불순물 도핑, SPR 반도체 소재	광감응 활용·제어 반도체 소재
촉매	밴드구조 조절 금속화합물	전화분리·전달 조절 반도체 촉매	광·전기 반도체 복합 소재
모듈	집과 최적 구조 설계	기−액 분리 셀 구조 설계	최적 유도 셀, 대양광 반응기 설계

지금까지 설명한 기법으로 기술 트리와 기술 로드맵 0단계가 완성되면 실행 전략이 포함된 요소기술 로드맵을 수립하게 됩니다. 이 단계를 '기술 로드맵 1단계'로 정의하며 상세 기술을 전개하게 됩니다. 따라서 요소기술 로드맵은 수행 기관 혹은 부서의 개발 전략이 포함된 개발 마일스톤의 개념입니다. 기술 트리로 분류된 단계별로 해당 기능 혹은 방법에 관한 기술 확보 방안과 일정을 구체적으로 표현해야 합니다. 즉 기술 로드맵 0단계가 기술을 구현하고자 하는 대부분의 기관이 모두 상상할 수 있는 공통된 모습이라면 기술 로드맵 1단계부터는 기술 확보 전략을 포함하는 '개발 로드맵Development Roadmap'입니다.

그림 「리튬이온전지(전기차) 기술 로드맵 1단계 – 소재」는 2010

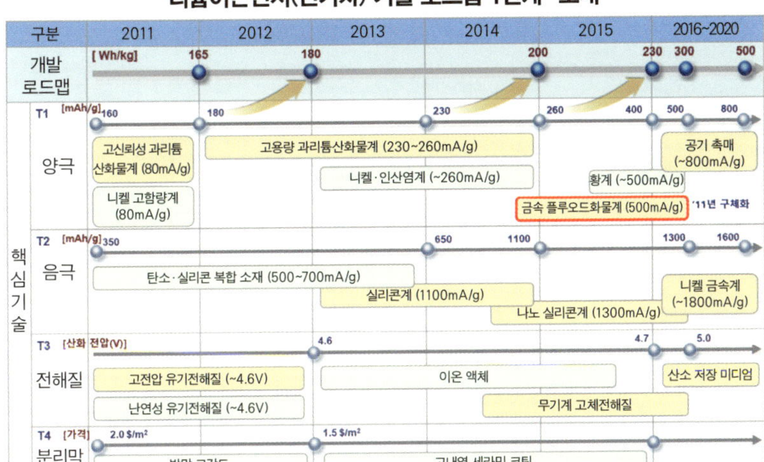

리튬이온전지(전기차) 기술 로드맵 1단계-소재[20]

년에 작성한 리튬이온전지 소재에 관한 기술 로드맵 1단계입니다. 개발 전략이 포함된 내용이나 이 역시 2010년에 작성된 내용이므로 정보 보안상 큰 의미는 없겠으며 구성의 형태만을 참조하기를 바랍니다. 이 로드맵에는 0단계에서 정의한 일정으로 목표를 구현하기 위한 요소기술별 개발 목표와 구현 방법이 상세하게 표현되어 있습니다. 양극과 음극은 어떠한 조성으로 어느 수준의 용량밀도를 달성할 것인지 정의합니다. 전해질은 충전 전압 영역과 전압대 구현을 위한 소재 종류가 정의되어 있습니다. 분리막은 핵심 관리 항목인 가격, 강도, 열 수축률 관리를 위한 조성 등이 표현되어 있습니다. 즉 실행 전략의 큰 방향성을 포함한 개발 로드맵입니다.

리튬이온전지(전기차) 기술 로드맵 2단계- 양극[20]

구분		2011	2012	2013	2014	2015	2016~2020
양극 기술		[mAh/g] 180 과리튬산화물계 (180mAh/g)	고용량 과리튬산화물계 (230~260mAh/g) 230		260	400 500 금속불화물계 (500mAh/g)	800 공기 촉매 (800)
세부기술	소재 설계 기술 (T1.1)	과리튬산화물 조성설계 기술 (880mWh/g) (T1.1.1)	분말 물성 설계 기술 (T1.1.2)	다가이온반응 메커니즘 해석 기술 (T1.1.5) / 고전도성 나노 복합체 설계 기술 (T1.1.6)		공기극 촉매조성 설계기술 (1000회@7.2mg/cm2) (T1.1.3) / 공기극 담체 설계기술 (T1.1.4)	
	소재 합성 기술 (T1.2)	전구체 합성 기술 (T1.2.1) / 과리튬산화물 열처리 기술 (T1.2.2)	과리튬산화물 후처리 기술 (T1.2.3)	고전도성 메커니즘 합성 기술 (T1.2.6)		공기극 촉매합성기술 (T1.2.4) / 공기극 담체 합성 기술 (T1.2.5)	
	소재 평가 및 분석기술 (T1.3)	조성·구조분석기술 (T1.3.1) / 분말 물성분석 기술 (T1.3.2)	수명 예측·평가 기술 (T1.3.3) / 열 안정성 예측·평가 기술 (T1.3.4)		열화원인해석기술 (T1.3.6)	공기극수명평가기술 (T1.3.5)	
	전극 기술 (T1.4)	전극 조성 설계 기술 (T1.4.1)	전극 제조 기술 (전극밀도: 3.0g/cc) (T1.4.2) / 전극 특성 평가 기술 (T1.4.3)			공기극 촉매층 가공 설계·구현 기술 (800mAh/g) (T1.4.4) / 공기불순물 제어 기술 (이산화탄소 중 수분) (T1.4.5)	
설비 로드맵		공침 장비		인-시투 X선 회절	콤비케미		

기술 로드맵 2단계와 3단계

기술 로드맵 2단계는 기술 트리 2단계에 정의된 기술별로 확보 시점을 축으로 하여 각각 전개하게 됩니다. 앞의 기술 로드맵 1단계에 포함된 양극, 음극, 전해질, 분리막을 예로 소개하면 다음과 같습니다.

양극의 기술 로드맵 2단계는 단계별로 설정된 목표 성능(용량밀도 180 → 230 → 500 → 800mAh/g)을 순차적으로 구현하기 위한 소재 설계 기술, 소재 합성 기술, 소재 평가 및 분석 기술, 전극 기술로 분류하여 전개합니다. 이 중 가장 먼저 진행되는 소재 설계 기술을 예로 든다면 단기적으로는 과리튬 층상 산화물 구조OLO, Over-Lithiated Layered Oxide 조성 설계 → 분말 물성 설계 → 다가 이온 반응 메커니즘 해석 → 고전도성 나노복합체Nanocomposite 설

리튬이온전지(전기차) 기술 로드맵 2단계– 음극[20]

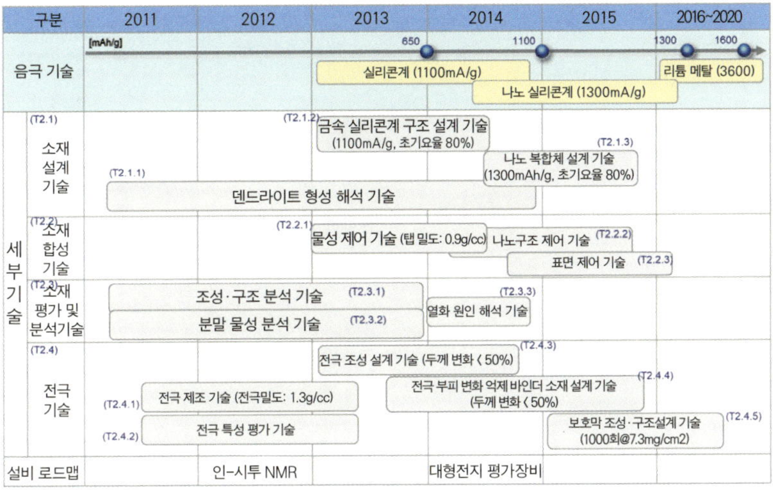

구분	2011	2012	2013	2014	2015	2016~2020
음극 기술	[mAh/g]		650 — 실리콘계 (1100mA/g)	1100 — 나노 실리콘계 (1300mA/g)	1300	1600 — 리튬 메탈 (3600)

계 기술을 전개합니다. 이어 중장기로는 공기$_{Air}$극 촉매 조성 설계 → 공기극 담체 설계 기술 등으로 전개하는데 이는 기술 트리 3단계에 해당합니다.

그리고 기술 트리 3단계 요소기술들이 모두 로드맵의 일정에 자리하고 있고 각각의 기술에 표식$_{Tagging}$(예 T1.1.5 등)을 한 것을 알 수 있습니다. 표식번호$_{Tagging Number}$ 별로 기술의 개요, 목표, 확보 전략을 별도로 정리함으로써 연구개발 전략을 완성하기 위함입니다. 또한 이 단계부터는 해당 기술을 확보하기 위해 갖추어야 할 필요 설비와 인프라 로드맵을 함께 표현함으로써 기술 구현의 실행력을 높일 수 있습니다.

음극의 기술 로드맵 2단계도 단계별로 설정된 목표 성능$_{(용량}$ 밀도 1,100 → 1,300 → 3,600mAh/g)을 구현하기 위한 것으로서 양

리튬이온전지(전기차) 기술 로드맵 2단계– 전해질[20]

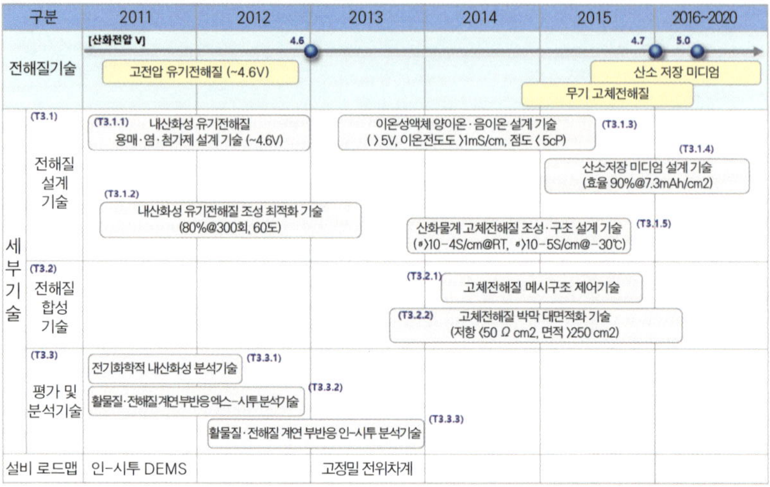

구분		2011	2012	2013	2014	2015	2016~2020
전해질기술		[산화전압 V] 고전압 유기전해질 (~4.6V)		4.6		4.7 무기 고체전해질	5.0 산소 저장 미디엄
세부기술	(T3.1) 전해질 설계 기술	(T3.1.1) 내산화성 유기전해질 용매·염·첨가제 설계 기술 (~4.6V)	(T3.1.2) 내산화성 유기전해질 조성 최적화 기술 (80%@300회, 60도)	이온성액체 양이온·음이온 설계 기술 (〉5V, 이온전도도 〉1mS/cm, 점도 〈5cP) / 산화물계 고체전해질 조성·구조 설계 기술 (σ〉10−4S/cm@RT, σ〉10−5S/cm@−30℃) (T3.1.5)		(T3.1.3) (T3.1.4) 산소저장 미디엄 설계 기술 (효율 90%@7.3mAh/cm2)	
	(T3.2) 전해질 합성 기술			(T3.2.1) 고체전해질 메시구조 제어기술 / (T3.2.2) 고체전해질 박막 대면적화 기술 (저항 〈50 Ω cm2, 면적 〉250 cm2)			
	(T3.3) 평가 및 분석기술	전기화학적 내산화성 분석기술 (T3.3.1) / 활물질·전해질 계연 부반응 엑스−시투 분석기술 (T3.3.2)	활물질·전해질 계연 부반응 인−시투 분석기술 (T3.3.3)				
설비 로드맵		인−시투 DEMS		고정밀 전위차계			

극과 동일하게 소재 설계 기술, 소재 합성 기술, 소재 평가 및 분석 기술, 전극 기술로 분류하여 전개합니다. 이 중 소재 설계 기술은 3단계 기술인 수상돌기Dendrite 형성 해석 기술, 금속 실리콘계 구조 설계 기술, 나노복합체 설계 기술 등을 순차적으로 개발함을 표현합니다.

전해질과 분리막의 2단계 기술 로드맵도 동일한 형태로 전개할 수 있습니다. 전해질의 기술 로드맵 2단계는 단계별로 설정된 목표 성능(산화전압 4.6 → 5.0V)을 구현하기 위한 전해질 설계 기술, 전해질 합성 기술, 전해질 평가 및 분석 기술로 분류합니다. 전해질 설계 기술은 내산화성 유기전해질을 위한 용매·염·첨가제 설계 → 이온성 액체 양이온·음이온Ionic Liquid Cation·Anion 설계 → 산소 저장 매개체Medium 설계 등의 3단계 기술 개발을 순차적으

리튬이온전지(전기차) 기술 로드맵 2단계– 분리막[22]

구분		2011	2012	2013	2014	2015	2016~2020
분리막 기술		[가격] 박막 고강도		1.5 \$/m² / 고내열 세라믹 코팅			1.0 \$/m²
세부 기술	(T4.1) 박막화 기술	(T4.1.1) 고강도 분리막 박막화 기술 (두께: 12um, 찌름강도 〉480gf)		(T4.1.2) 고강도 유무기 복합층 코팅 기술 (두께: 12um, 찌름강도 〉480gf)		(T4.1.3) 고강도 유무기 복합막 제조기술 (두께: 12um, 찌름강도 〉480gf)	
	(T4.2) 저가화 가술	(T4.2.1) 초저가 PE 분리막 (〈 1.3\$/m²)		(T4.2.2) 부직포 분리막 (〈 1.0\$/m²)			
	(T4.3) 고출력화 기술	(T4.3.1) 기공 균일성 향상 기술 (〈 1.3\$/m²)	(T4.3.2) 고강도, 고기공도 물성제어 기술 (기공률 〉60%)				
	(T4.4) 고안정성 기술	(T4.4.1) 세라믹 코팅 기술 (〈 1.3\$/m²)	(T4.4.2) 수축 억제 기술 (130℃ 열수축률 〈 15%)	(T4.4.3) 고강도 유무기 복합층 설계기술 (통기도: 거를리 증가 100% 이내 130℃ 열수축률 〈 10%)			(T4.4.4) 고강도 유무기 복합막 설계 기술 (통기도: 거를리 증가 50% 이내 130℃ 열수축률 〈 10%)
설비 로드맵		코터		압출기			

로 진행합니다.

분리막의 2단계 기술 로드맵은 가격 목표(1.5 → 1달러/m2), 강도, 열 특성을 동시에 확보하는 개념으로 박막화, 저가화, 고출력화, 고안전성 기술을 2단계로 정의합니다. 박막화의 경우 3단계은 고강도 박막화 기술 → 고강도 유무기 복합층 코팅 기술 → 고강도 유무기 복합막 제조 기술 등으로 발전함을 표현하고 있습니다.

요소기술 로드맵은 지는 전략이 아니라 이기는 전략을 수립하는 첫 단계입니다. 1장에서 언급한 '갈망 수준'과 '먼저'의 개념을 목표 수준y으로 정의하고 확보해야 할 기술x을 개발 일정에 반영합니다. 그렇게 함으로써 공학적으로 상상이 가능한 수준의 120% 이상을 경쟁 기관보다 먼저 달성하기 위한 수행 전략을

선언하는 것입니다. 경쟁력 있는 기술 로드맵 수립은 'R&D 제대
로 하기'의 전제조건입니다.

4

그랜드 스케일 로드맵은 기술과 조직을 묶는다

연구개발의 초기 단계부터 소재, 부품, 세트를 동시에 함께 개발해야 합니다. 과제 설계 단계 초기에 소재 물성, 부품 특성, 이를 탑재한 세트 성능의 상관관계를 완벽하게 이해하여 연계하면 Align 부품과 세트의 시제품 제작 시점에 새롭게 설계하여 합성한 소재를 실시간으로 적용하여 성능을 평가할 수 있습니다.

그러기 위해 소재와 부품의 모든 기술이 최종 제품(세트 혹은 시스템)으로 연계되도록 목표와 일정을 정확히 연계하는 것이 중요합니다. 이에 더하여 기술별로 확보의 주체가 누구에게 있는지 명확히 정의함으로써 적기에 성공적인 완성을 기대할 수 있습니다.

동기화 로드맵은 모든 기술을 함께 움직이게 한다

세트 혹은 시스템 단계의 최종 제품의 사양을 정해놓고 그에 맞는 소재를 설계 단계부터 새롭게 시작하기보다는 세트의 목표 사양과 부품 구성을 확정하는 시점에 해당 부품과 이를 구현하는 소재의 성능 목표를 함께 설정하는 것이 좋습니다. 소재와 부품을 동시에 개발하면서 실시간으로 해당 부품 혹은 세트에 적용하고 평가 결과를 소재 개발자들에게 피드백해야 합니다. 이렇게 하면 기기의 응용에 맞게 소재 특성을 최적화하고 세트의 개발 속도에 적극적으로 대응할 수 있습니다.

이렇게 상호 연계된 목표에 따라 설계한 소재와 부품은 시뮬레이션을 통해 최적화합니다. 소재는 실험실 수준에서 합성하고 동시에 수시로 부품 개발에 전달하여 프로토타이핑을 지원합니다. 평가 결과를 공유하면서 소재와 부품 간 설계를 최적화하고 소재 조성을 확정합니다. 그런 다음 파일럿 라인에서 합성한 양산 수준의 소재를 제조하고 동시에 부품의 제조 라인에 올려 평가합니다.

특히 소재를 개발하는 입장에서는 소재가 기기 수준에서 계획된 성능이 구현되는지 혹은 세트의 생산 공정 조건에 적합한지 개발 초기 단계부터 확인할 수 있습니다. 이렇게 동기화된 로드맵을 적용함으로써 최종 시스템 혹은 부품의 제품을 출시하는

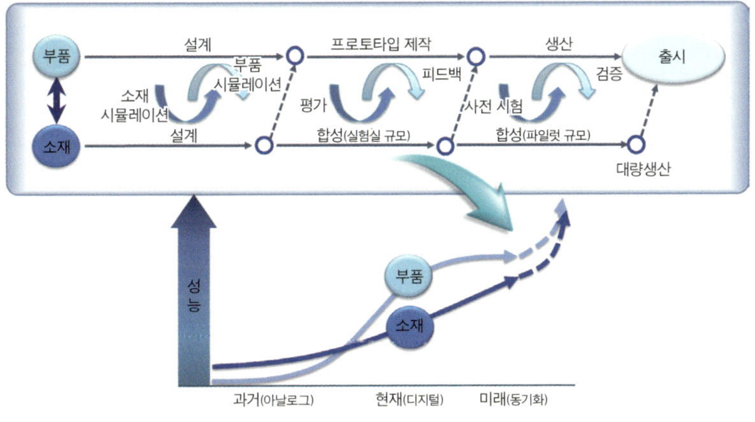

소재·부품 동기화 로드맵[11]

것과 동시에 해당 기능의 신규 소재 양산을 시작할 수 있습니다. 이는 연구개발 과제의 성공(적기에 양산 성능 확보) 확률을 높이는 방법입니다. 저는 이를 '소재·부품 동기화 로드맵Materials & Devices Synchronized Roadmap'[11]으로 부르고자 합니다.

예전에는 부품, 세트, 시스템보다 소재가 훨씬 먼저 개발됐습니다. 즉 과학자들이 새로운 물질을 발견하고 합성의 기본 원리를 정의하여 소재를 완성하고 나서야 시스템 혹은 부품 개발자들이 해당 소재의 응용성을 발견했습니다.

예를 들어 액정Liquid Crystal 소재의 최초 발명은 1888년입니다. 이는 1968년 RCA가 최초의 LCD(액정 디스플레이)를 생산하기 약 80년 전입니다. 이후 1975년 샤프가 최초의 LCD TV를 제품화하게 됩니다. 이후 30년 후인 2005년에 삼성이 대면적 TFT LCD(박막 트랜지스터 액정 디스플레이)를 대량 생산하기 시작했습

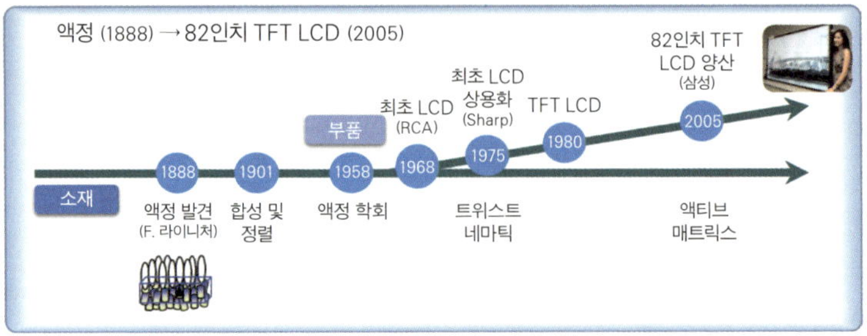

니다. 이러한 LCD 부품의 발전은 시스템과 함께 진화하는 액정 소재의 새로운 기능을 활용한 결과였습니다.

리튬이온전지도 비슷한 과정을 밟아 왔습니다. 양극 소재로 이용되는 리튬금속산화물Lithium Metal Oxide은 1946년 메탈로이Metlalloy가 최초로 발명했으나 이 물질의 활용 방안에 대한 고민이 없는 상태로 첫 특허를 출원했습니다. 1976년이 되어서야 배터리로 응용하는 연구를 하기 시작했고 소니가 1991년에 최초의 리튬이온전지 제품을 시장에 내놓기까지 15년이 더 걸렸습니다. 물론 그 이후로 리튬이온전지는 스마트폰, 노트북, 전기자동차의 전원으로 진화했습니다. 당시 연구를 시작하여 큰 업적을 낸 과학자 3인은 리튬이온전지 기술이 모바일 IT는 물론 친환경 전기차 산업으로 확대되는 시점인 2019년에 노벨화학상을 받습니다.

이상에서 소개한 바와 같이 과거에는 응용 부품 혹은 시스템이 발명하기 전에 소재를 먼저 발명했습니다. 이러한 경우는 개발 속도가 그리 빠르지 않던 과거 아날로그 기술 기반의 부품과

리튬금속산화물에 의한 리튬이온전지를 통해 구현된 모바일 기기와 전기차[11]

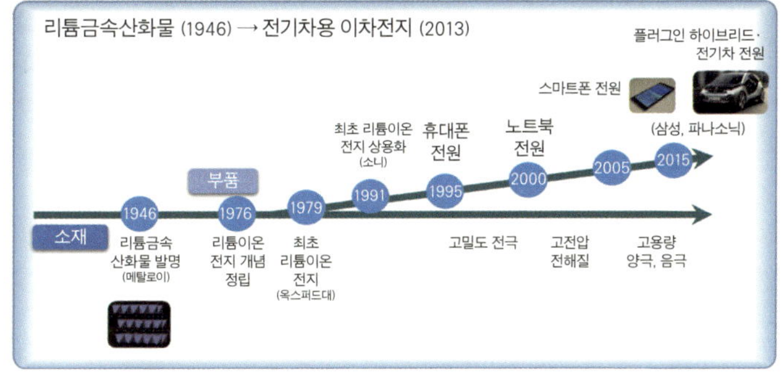

시스템 산업 시절에 가능한 것입니다. 그러나 현재 디지털이 주도하는 산업 체계에서는 소재 개발 속도가 IT 산업 분야의 부품 개발 속도에 뒤처지고 있는 것이 사실입니다. 그러므로 요소기술 로드맵에 설계한 소재의 성능 목표와 일정이 적용할 부품과 정확히 연계됐는지 점검하고 연구개발이 연동되는 소재·부품 동기화 로드맵을 수립해 과제 착수 시점부터 소재, 부품, 시스템 개발을 동시에 진행해야 합니다.[11]

그림 「동기화 로드맵(디스플레이 소재–부품)」은 2014년 정부가 수립한 국가 디스플레이 기술 로드맵에 소재와 부품을 각각 표현하여 내용을 수집하고 동기화한 동기화 로드맵입니다. TV와 모바일용으로 부품의 색 순도와 기능성을 각각 표현했고 이를 위한 소재의 발광 특성과 기계적 물성을 정의했습니다. 로드맵 하단의 소재와 상단의 부품이 확보할 성능을 구체화하고 연계한 후 개발을 진행하면서 상호 적용 점검을 통해 수시로 설계 변경 등을 시

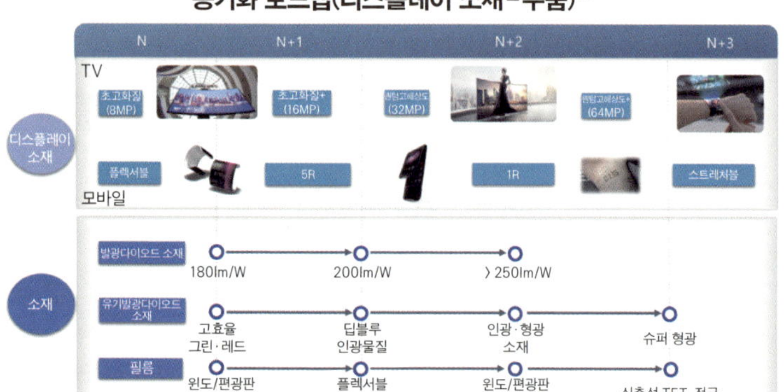

동기화 로드맵(디스플레이 소재–부품)[11]

행함으로써 개발의 완성도를 높이고 일정을 당길 수 있습니다. 즉 개발 완료 시점에 소재와 부품 양산을 함께 시작합니다.

다음 그림 「동기화 로드맵(리튬이온전지 셀–소재)」은 리튬이온 전지의 동기화 로드맵입니다. 전기차와 모바일용으로 주행거리, 사용 시간, 에너지밀도를 표현하고 있으며 이를 위한 소재로서 앞에서 설명한 1단계의 양·음극의 용량밀도, 전해질 충전 전압, 분리막 두께 등을 정의하여 셀$_{Cell}$ 특성과 연계한 내용입니다.

이 역시 로드맵 하단의 소재와 상단의 셀 특성을 연계하여 개발을 착수하고 수시로 전극과 셀을 제작해 부품의 특성을 만족하는 소재의 특성을 상호 검증함으로써 소재 특성에 맞는 부품 설계를 병행할 수 있습니다. 그리고 적기에 경쟁력 있는 기술을 양산 수준으로 확보할 수 있습니다. 셀 단독의 로드맵, 소재(양극, 음극, 전해질, 분리막) 단독의 로드맵은 그저 로드맵일 뿐 실행력이 없습니다.

동기화 로드맵(리튬이온전지 소재-셀)[11]

	N	N+1	N+2	N+3
전기차				
배터리	160km 130Wh/kg 2일 600Wh/L	300km 250Wh/kg 3일 700Wh/L		400km 400Wh/kg 5일 900Wh/L	600km 600Wh/kg 1주 1,000Wh/L
모바일				

소재

양극	니켈 코발트 망간계 (170mAh/g)	나노복합소재 (250mAh/g)	황복합소재 (600mAh/g)	산소 (1500mAh/g)
음극	흑연 (360mAh/g)	실리콘계 (600mAh/g)	리튬 금속 (1200mAh/g)	리튬 금속 (1800mAh/g)
전해질	액체 전해질, 4.5V	고분자 복합 전해질, 4.6V	이온성 액체 전해질, 4.8V	고체 전해질, 5.0V
분리막	25㎛(전기차), 14㎛(모바일)	20㎛(전기차), 11㎛(모바일)	14㎛(전기차), 10㎛(모바일)	12㎛(전기차), 9㎛(모바일)

제품을 완성하는 마지막 지도는 전략 로드맵이다

동기화 로드맵은 시스템을 구성하는 부품과 소재를 모두 망라한 하나의 로드맵으로 연계할 경우 진정한 최종 제품 단계의 그랜드 스케일 로드맵Grand Scale Roadmap으로 완성됩니다. 이러한 활동을 최종 시스템을 생산하는 티어Tier 1 조직이 주관하고 티어 2~3의 해당 부문들이 협조하여 기술과 일정을 모두 공개하고 동기화하면 전략 로드맵Strategy Roadmap이 완성됩니다.

다음 그림 「그랜드 스케일 로드맵(휴대폰)」은 2010년에 수립했던 휴대폰 기술의 전략 로드맵입니다. 최상위 항목으로 해당 기기의 최종 시스템을 제품과 서비스로 구분하여 시계열로 펼치고 이를 구현하기 위한 핵심기술을 세트, 부품, 소재로 분류합니다. 이때 핵심 기능이 소재로부터 구현되는 부품은 소재 기술로 분

그랜드 스케일 로드맵(휴대폰)[23]

구분			부서	2011~2012	2013~2015	2016~2020
목표 적용 분야		서비스		올쉐어 / 모바일 가상 비공개 커뮤니티	삼성 클라우드 올쉐어 원격 접근 / 개인 상황 인지 / 모바일 헬스케어 환자 모니터링	친환경 및 지능형 건물/공장/선박 / 사회적 상황 인지 / 스마트 라이프 상황 인지
		제품				
핵심 기술	세트	사용자 인터페이스	개발부서 A	그립 터치(플렉서블 디스플레이)	플렉서블 투명 압력 터치(플렉서블 디스플레이)	비정형 터치(플렉서블 디스플레이)
				공간 터치	볼륨터치	촉각
		통신		LTE	LTE-A	5G / 간접 활용
				802.11n	트리플 밴드 WiFi(2/5/60GHz) 솔루션	초저전력 WBAN
				DLNA 기반 프레임워크	CCN 기반 에코 시스템	센서 네트워크(IoT)
		인텔리전스	연구부서 B	앱 기반 상황인지	내용 인식 상황 인지	지식 기반 개인화 서비스
		OS		플랫폼 OS	다중 플랫폼 OS	지능형 분산 OS
		Rf/안테나		SAW RF 듀플렉서	EU LTE 밴드 RF 듀플렉서	나노/BAW 기반 초저간섭 RF REM
				멀티밴드 안테나		재구성 가능 안테나
	부품	멀티미디어	사업부C	FHD VoD용 HEVC 디코더 SoC 적용	UHD급 HEVC 디코더 SoC 적용	FHD급 3D 비디오 / UD급 3D 비디오
			연구부서 D	FHD급 그래픽 엔진	FHD급 풀 프로그래머블 / 실사급 그래픽스 솔루션	물리 기반 애니메이션
				얼굴 추출·인식	2D·3D 객체 구분 및 추출 / 2D·3D 실사+가상 정합	실시간 행동·감정 인식 엔진
		프로세서		CPU: 1.2GHzx2 / CPU: 1.5GHz x 4(6 GOPS)	CPU: 2GHz x 8(16 GOPS)	CPU: 3GHz x 16(48 GOPS)
				GPU: 0.4GHzx2 / GPU: 1.0GHz x 8(288 GFLOPS)	GPU: 1.5GHz x 32(1.4 GFLOPS)	GPU: 2GHzx16(17 TS) / GPU: 3GHzx32(100 TS)
		메모리	연구부서 E	2Gb DDR3(28nm), 1.35V	2Gb DDR4(2x nm), 1.20V	4Gb STT-DRAM(1x nm), 1.20V
				32Gb 플래시 낸드	64Gb 플래시 낸드 / 128Gb 플래시 낸드	256Gb 플래시 낸드
		디스플레이	사업부D	고화질 HD(350PPI급, 4"WXGA)	3D/플렉서블(벤더블)	3D/플렉서블(폴더블) / 홀로그램/풀 플렉서블
	소재	배터리	사업부E	각형 리튬이온, 폴리머 전지	무선 충전 시스템 적용 박형 배터리	자가 충전 배터리
		카메라	사업부F	Slim 8M<8mm / 13M t<9mm	옵티컬 셔터 3D	
		회로기판/캐파시터		10층 0.8t / 10층 0.6t	10층 0.3t	투명·유연기판 광 PCB
				0603, 4.7μF	0603, 10μF	하이브리드 MLCC(적층+박막)

류했습니다. 세트는 사용자 인터페이스$_{UI}$, 커뮤니케이션, 인텔리전스, 운영체제, RF(무선주파수)·안테나로 분류했습니다. 부품은 멀티미디어, 프로세서, 메모리, 디스플레이로 분류했습니다. 소재는 배터리, 카메라, PCB(인쇄회로기판), MLCC(적층세라믹콘덴서)로 분류하여 각각에 관한 기술 로드맵 1단계을 표현합니다.

가장 중요한 것은 세트-부품-소재의 기술 로드맵 1단계은 물론 이를 모은 제품과 서비스의 성능과 구현 시점까지 모두 동기화하는 것입니다. 그랜드 스케일 로드맵에 수립한 요소기술 중 어느 하나라도 적기에 기술을 확보하지 못하면 제품의 성능을 구현하지 못하는 것입니다. 또한 경쟁 기관 대비 경쟁에서 뒤처짐으로써 실기하게 되는 만큼 해당 기술을 주관하는 부서명을 명확히 표현하여 역할과 책임Role & Responsibility을 부여하는 것도 중요합니다. 그림「그랜드 스케일 로드맵」에는 실행 부서명을 일반화하여 표기했습니다.

5

백캐스팅으로 미래 기술을 상상한다

기술 로드맵은 과거 기술의 진화를 분석한 학습곡선과 기술적, 이론적 논리에 근거한 '포캐스팅Forecasting' 기법을 근본으로 합니다. 하지만 때로는 미래의 특정 시점을 목표로 설정하고 그 시점에 필요한 기술들을 거꾸로 예측하는 기법을 적용하기도 합니다.

이러한 기법을 '백캐스팅Backcasting'이라고 합니다. 백캐스팅은 이상적인 미래 사회를 설정한 뒤 현재로 돌아오며 그 지점에 도달하기 위해 필요한 정책, 프로젝트, 기술 등을 역추적하여 도출합니다. 기존 관행이나 추세로는 상상하기 어려운 불연속적이고 혁신적인 변화를 예측하는 기법으로 미래 상황 정의 – 현재 상태 분석 – 역방향 경로 설계 – 실행 계획 수립의 단계로 진행합니다.

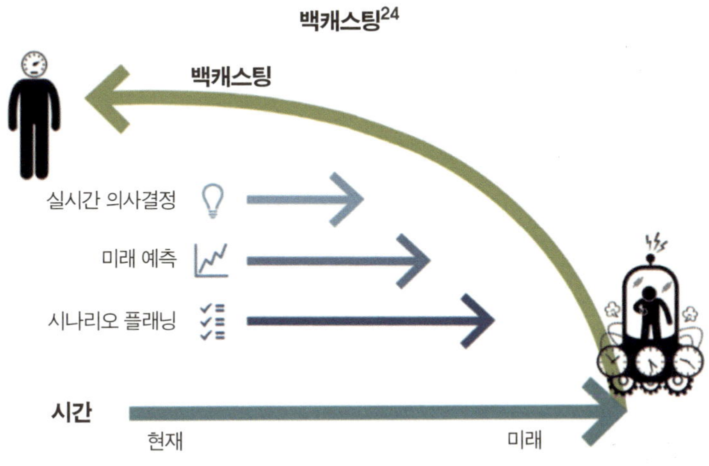

백캐스팅의 대표적 사례가 공상과학영화다

백캐스팅으로 미래를 상상하고 그 미래를 구현할 기술을 보여주는 사례로 공상과학영화를 들 수 있습니다. 1985년에 제작된 영화 「백 투 더 퓨처」는 1985년에 2015년을 상상하는 과정에서 화상회의, 3D 입체 영화관, 전자 안경, 지문 결제, 자동 신발 끈, 호버보드, 타임머신을 선보였습니다. 실제로 2015년이 도래한 시점에 타임머신을 제외한 모든 기술이 상용화됐거나 기술 구현에 성공했습니다. 2002년에 2054년을 상상한 영화 「마이너리티 리포트」에 소개된 동영상 편집, 범죄예방 소프트웨어, 쌍방향 광고, 멀티터치 인터페이스, 망막 스캐너, 증강현실과 같은 기술들

영화와 만화에 나온 백캐스팅 사례[25, 26, 27, 28]

만화 '서기 2000년대' (1965년, 2000년 예상)			
기술	상용화	기술구현	미구현
개인용 PC	○ (1974)		
태양열 에너지	○ (1980)		
움직이는 도로(무빙워크)	○ (1980)		
전차 신문	○ (1986)		
원격 진료·치료	○ (1995)		
인터넷 동영상 강의		○ (2001)	
소형 TV 전화기	○ (2003)		
스마트 TV	○ (2004)		
전기 자동차	○ (2008)		

영화 '백 투 더 퓨처' (1985년, 2015년 예상)			
기술	상용화	기술구현	미구현
화상회의	○ (2004)		
3D 입체 영화관	○ (2009)		
전자 안경	○ (2011)		
지문 결제	○ (2013)		
자동 신발끈		○ (2015)	
호버 보드		○ (2015)	
타임머신	○ (2003)		○

영화 '마이너리티 리포트' (2002년, 2054년 예상)			
기술	상용화	기술구현	미구현
동작 영상 편집	○ (2003)		
범죄예방 소프트웨어	○ (2008)		
쌍방향 광고	○ (2008)		
멀티터치 인터페이스	○ (2010)		
망막 스캐너	○ (2010)		
증강 현실 기술	○ (2013)		
무인 자동차		○ (2020)	
액티브 컨택트렌즈		○ (2023)	
정찰형 곤충 로봇		○ (2023)	

은 이미 상용화됐습니다. 무인 자동차는 기술 구현을 마치고 상용화 수준으로 끌어올리는 개발을 진행 중입니다. 이정문 화백이 1965년에 2000년을 상상하며 그린 만화 「서기 2000년대 생활의 이모저모」는 개인용 컴퓨터PC, 태양 에너지, 전자 신문, 원격 치료, 스마트 TV는 물론 전기자동차를 백캐스팅했는데 현재 모두 상용화됐습니다. 달나라 여행만이 아직 구현하지 못한 기술입니다.

백캐스팅을 통해 갈망을 전략으로 만들자

이런 방식으로 배터리 기술도 백캐스팅할 수 있습니다. 2040년에 배터리를 이용한 기술로서 1분 충전 전기차, 하늘을 나는 전기 택시, 절대 타지 않는 전지, 무한 에너지 저장, 24시간 일하는 휴머노이드 등을 상상해볼 수 있습니다. 이 기술들을 구현하기 위해 전고체 전지, 수계 전지, 공기 전지, 흐름 전지, 물리 전지 등 새로운 메커니즘에 의한 전기 에너지 저장 기술로 현재의 한계를 극복해볼 것을 제안할 수 있을 것입니다.

이러한 전기 에너지 저장 기술은 현재의 리튬이온전지의 한계를 극복하는 비욘드 리튬이온전지Beyond LIB로 정의하여 이론적 근거에 따라 기술을 개발한다면 그 과정은 앞에서 강조한 갈망 수준을 최대한으로 끌어올리는 계기가 될 것입니다.

리튬이온전지 성능의 한계를 극복한 '비욘드 리튬이온전지'

새로운 메커니즘에 의한 전기 에너지 저장 기술

더 안전한	전고체 전지, 수계 전지
더 가벼운	황 전지
더 저렴한	나트륨 이온 전지, 마그네슘 이온 전지
더 오래가는	금속 공기 전지, 흐름 전지
더 빠른	물리 전지, 양자 전지

2장

비전
: 보이는 꿈으로 이기게 한다

1

비전 문구로 가슴 뛰는 미래를 본다

"10년 후 미국 대부분의 길에서 말과 마차가 사라지고 우리가 만든 자동차가 짐과 사람을 실어 나르며 우리 종업원이 자신이 만든 차를 몰고 다니게 하겠다."[30]

1907년 헨리 포드가 제시한 포드사의 비전 문구입니다. 조직원을 어디로 데려가고자 하는지, 비전이 실현될 때 어떤 모습일지가 구체적으로 표현되어 있습니다. 포드사는 이후 컨베이어 벨트를 적용한 제조 공법으로 자동차의 대중화에 혁신을 가져온 모델 T 양산(1913년)에 성공했습니다.

기술회사의 비전 문구Vision Statement는 조직이 수행할 방법How to 보다 한 단계 상위 개념으로서 나아가야 할 방향Where to을 제시한

헨리 포드의 비전 문구는 비전이 실현될
때 어떤 모습일지가 구체적으로 표현되어
있다.

문구입니다. 비전 문구는 특히 창업이나 위기 상황에서 혹은 격변기나 급진적 혁신이 필요할 때 조직원들에게 중요한 등대 역할을 합니다. 영어 '비전Vision'의 어원인 라틴어 '비데레videre'는 단순히 눈으로 보는 것을 넘어 미래의 목표나 이상적인 상태를 그려보고 구상하는 능력을 의미합니다. 그러므로 조직원과 함께 만들어내어 리더가 선언하는 비전 문구는 조직의 현재 능력과 조건에서 도약한 미래의 모습이어야 하며 눈에 보이는Vision is seeing 목표를 제시할 수 있어야 합니다.

가슴이 두근거릴 모습을 제시해야 한다

조직의 전략은 외부 전문 기관에 의뢰한 컨설팅을 참고할 수 있겠으나 비전 문구는 컨설팅으로 안 됩니다. 반드시 조직원과

국가적인 비전 문구를 선언한 존 F. 케네디와 "나에게는 꿈이 있습니다."라는 연설로 유명한 마틴 루터 킹 목사

함께 직접 만들어야 하며 비전이 구현될 미래의 모습을 상상해야 하는데 조직원의 가슴이 두근거릴 모습을 제시해야 합니다.

비전은 꿈입니다. 그래서 비전 문구는 다른 곳이 아니라 나와 나의 조직에서 나와야 합니다. 존 F. 케네디가 1961년 아폴로 프로젝트를 시작하며 국가적으로 선언한 비전 문구는 그 비전을 함께 실행할 조직, 즉 모든 국민의 가슴을 설레게 한 것으로 유명합니다.

"인간을 달에 착륙시키고 나서 무사히 지구로 귀환시키겠습니다."[31]

모두가 아는 바대로 미국은 1969년 아폴로 11호를 발사해 세계 최초로 우주인 3인이 달 탐사를 마치고 모두 지구로 돌아왔습니다.

또 하나 역사적 비전 문구는 1963년 마틴 루터 킹 목사가 선언한 "나에게는 꿈이 있습니다 I have a dream."로 시작하는 유명한 문

기업의 미래를 향한 가슴 뛰는 비전을 선언한 삼성 창업자 이병철 회장과 애플 창업자 스티브 잡스

구입니다.

"나에게는 꿈이 있습니다. 나의 네 자녀가 피부색이 아니라 인격에 따라 평가받는 나라에서 살고, 조지아의 붉은 언덕 위에서 예전에 노예였던 부모의 자식과 그 노예의 주인이었던 부모의 자식들이 함께 식탁에 둘러앉아……"[32]

소개한 세 개의 역사적 비전 문구는 모두 한결같이 퀀텀 점프 수준의 비연속성, 나와 내 조직과의 관련성, 구체적인 명확성, 공통 목적의 커다란 가치 등 비전 문구의 4대 요소[4]를 갖추고 있습니다.

삼성그룹을 창업한 이병철 전 회장의 비전 문구(1971년)는 '사업보국事業報國'[33]이라는 네 글자로 요약됩니다.

"일이야말로 삶의 보람이다. 좋은 일은 사람, 사회, 국가에 도움이 되는 일을 뜻한다. 사업보국. 내가 일하는 목적이다."

이 비전 문구는 오늘날까지 이어오는 삼성의 업의 개념이자 비전을 넘어 미션으로 여기는 창업 정신입니다.

스티브 잡스는 1975년에 다음과 같이 비전 문구를 선언합니다. "누구나 부담 없이 구매할 수 있고 8세 어린이도 쉽게 사용할 수 있는 컴퓨터를 만들어서 개인이 조직의 통제에서 벗어나 언제 어디서는 자유롭게 가치를 창출할 수 있는 해방의 도구가 되게 하겠다."[34]

이 비전 문구를 선언한 이후 스티브 잡스는 애플을 통해 소위 해방의 도구를 만들어 개인용 컴퓨터의 대중화라는 혁신을 이루었습니다.

2010년대 중반 미국의 빅테크 기업을 통칭하는 팡FAANG(페이스북, 애플, 아마존, 넷플릭스, 구글)은 조직의 특성에 맞게 간결하고 다

팡(FAANG)의 비전 문구(2015)[35]

	페이스북을 통해 전 세계를 개방하고 연결하는 힘을 제공하겠다.
	선택과 집중으로 진짜 중요한 제품에서 최고를 지향하고 직관적으로 사용되는 간단한 제품을 만들겠다.
amazon	지구상에서 최고의 고객 중심 회사가 되어 고객이 온라인으로 구매하고자 하는 모든 것을 찾을 수 있도록 하겠다.
NETFLIX	인터넷 기반 기술에 집중하고 지속적으로 개선하여 스트리밍 사업을 성장시켜서 수입과 이익을 창출하겠다.
Google	세상의 모든 것을 이해하는 강력한 검색 엔진을 만들겠다.

음과 같이 명확한 비전을 제시했습니다.

이 회사들은 형이하학적이며 아주 명료한 비전 문구를 선언합니다. 이 비전 문구들은 빠르게 움직이는 IT 업의 개념에 맞게 조직원들이 회사의 방향을 정확히 이해하고 미션을 수행하도록 유도합니다. 특히 아마존과 구글의 비전 문구[36, 37]는 조직원의 가슴이 두근거리는 수준을 넘어 경쟁 회사의 직원이 들을 때 섬뜩한 느낌이 듭니다.

구호가 아니라 실현 가능한 비전이어야 한다

역사적 비전 문구를 설명한 만큼 쉽게 저지를 수 있는 잘못된 비전 문구도 소개합니다. 너무나도 좋은 이야기이지만 막연함을 넘어 어느 조직에든 동일하게 해당하는 비전입니다. 실현된 상상을 해봐도 그리 마음이 두근거리지 않는 꿈은 비전 문구라고 할 수 없습니다.

부서와 회사의 비전 문구를 함께 만들 때 비전 달성 시의 상태와 모습을 구체적으로 상상하며 정량적인 수치를 표현해야 합니다. 삼성전자는 2009년에 그 이전과 비교해 아주 구체적이고 정량적인 비전 문구를 제시했습니다.

"2020년에 매출 4,000억 달러를 달성하여 글로벌 기업 순위 10위로 도약하고, 창조적 리더 기업으로 인정받아 전 세계 인재

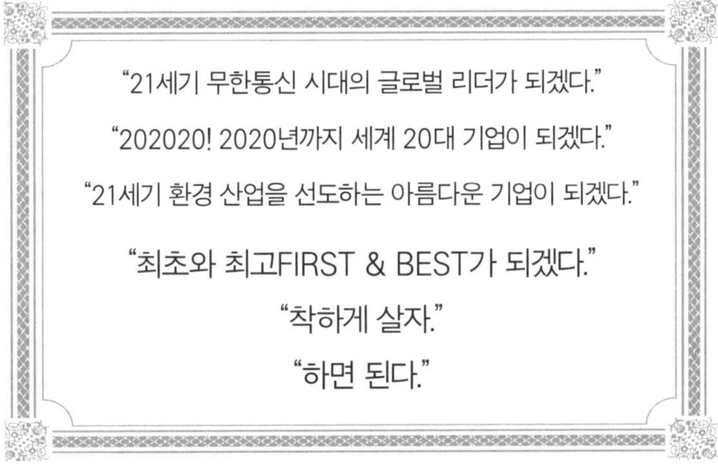

들이 모이고 모두가 일하고 싶어 하는 초일류 글로벌 기업으로 변신하겠다."

이 비전 문구를 작성할 때 회사 내 모든 부문이 참여했습니다. 당시 제가 소속되어 있던 삼성전자 종합기술원(현 SAIT)은 연구 개발 조직임에도 불구하고 함께 참여하여 전사 차원의 비전 문구에 표현할 매출 수치를 도출하는 과정에서 미래 기술에 대한 달성 목표와 사업 기여도의 정량화 작업을 수행했습니다. 2009년은 매출 1,000억 달러로 글로벌 기업 순위 58위를 기록[39]할 때였습니다. 10년 후 4,000억 달러 매출로 기업 순위 10위 진입은 가슴 벅찬 비전임이 분명합니다. 더 나아가 창조적 기업을 언급하고 전 세계에서 인재들이 모여드는 회사를 선언[40]한 것은 직원들에게 큰 의미가 있다고 생각합니다.

삼성전자의 비전 문구[38]

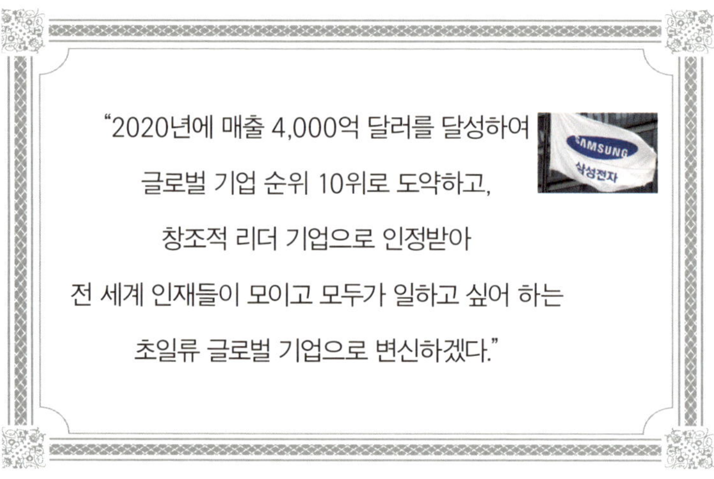

결과적으로 비전의 100%를 구현하지는 못했습니다. 그러나 2022년 매출 3,000억 달러, 글로벌 기업 순위 16위(브랜드 가치는 5위 진입)로 계속 도전하고 있으며 모두가 일하고 싶어 하는 기업으로 변신했습니다. 2020년 이후 『포브스』가 선정한 세계 최고의 직장 4년 연속 1위[41]를 유지했습니다.

삼성SDI 전자재료사업부가 2019년에 작성한 비전 문구[42]도 소개합니다. 이 작업을 위해 사업부에서 2025년 시장을 장악할 제품과 기술을 정의하고 해당 제품의 양산을 전제로 도전해야 할 매출과 이익을 산출했습니다. 그리고 가장 중요한 사실은 이 과정에서 모든 사업부원이 즐겁고 신나게 함께 고민했고 갈망 수준을 극대화하여 수행할 미션을 정의하고 공유했다는 것입니다. 다 함께 가슴이 두근거리는 사업부의 미래 모습을 구체화한

것입니다.

"최고의 전자 부품과 세트는 우리가 만드는 세계 최고의 전자 재료로 도모한다. 이를 통해 2025년 매출 40억 불을 달성하고 초격차 기술회사로 지속 성장한다."

이후 글로벌 사업 환경이 크게 변하면서 선언했던 비전을 모두 달성하지는 못했습니다. 그러나 사업부의 미래 모습을 함께 꿈꾸며 일체화된 연구개발, 제조, 영업을 실행했습니다. 그리고 사업부의 모든 임직원이 추구하는 꿈이 같은 만큼 조직도 단합이 잘됐습니다. 현재는 사업 환경을 재분석하여 비전 2030을 수립한 것으로 알고 있습니다.

목표 설정에는 정확한 잣대가 필요하다

비전은 꿈만을 표현하는 것은 아닙니다. 비전 달성을 위한 미션을 수립해야 하고 미션 수립을 위해서는 정량적인 목표를 설정해야만 합니다. 그래야 실행을 전제로 한 비전을 수립했다고 할 수 있습니다. 즉 비전 수립을 위해서는 정확하고 도전적인 '목표 설정'이 필요합니다. 특히 연구개발의 목표를 설정할 때는 정확한 잣대가 필요합니다. 제 경험과 실행으로 검증한 '목표 설정의 최우선 규칙Rules of Thumb'을 소개합니다.

연구개발 목표 설정의 최우선 규칙

- 장기적 관점에서 나아갈 방향이 명확한 목표
- 해당 분야 최고와 교류할 수 있는 수준의 목표
- 상세 기술의 달성 방법과 필요 인프라 확보까지 포함한 목표
- 컴퓨팅 파워 활용을 통한 이론과 모델링에 기반한 목표
- 시장을 바꾸는 기술이거나 없는 시장을 만드는 기술 목표
- 이론적 한계, 엔지니어링 한계, 경쟁자 수준을 잣대로 한 목표
- 시장에서의 성공을 위한 제품의 필요조건인 와우 팩터Wow Factor 와 킬러 앱Killer App을 제공하는 기술 목표
- 조직의 100% 이상의 능력 발휘를 전제로 한 목표
- 기술혁신이 가져올 제품 소비자의 혜택과 고객 행동 변화 정도 를 반영한 목표-기술 과시 목적이 아니라 매출과 이익을 창출 하는 목표
- 때로는 과감한 목표 수정을 전제로 한 목표

목표의 질이 전략의 성패를 가른다

연구개발 목표는 단기적 트렌드에 흔들리지 말고 장기적 관점에서 방향을 설정해야 합니다. 즉 장기적으로 해당 기술 분야의 최고와 교류할 수 있는 수준으로 설정해야 합니다.[9] 최고가 되어야 최고들이 모이는 리그에서 함께 뛸 수 있습니다. 2등, 3등이 되는 연구는 필요 없습니다. 지는 전략이기 때문입니다. 이기는 전략이 필요합니다. 그리고 이기는 전략은 최고의 성능 목표는 물론 시장에 빠르게 진입하여 업계에서 자리매김할 수 있는 전략을 포함해야 합니다. 따라서 목표 설정 시 반드시 본인 조직만

의 강점 기술을 적극적으로 활용해야 합니다.

경쟁사 분석은 객관적으로 하되 상세 기술까지 전개하여 분석합니다. 목표로 설정한 상세 기술은 달성 방법이 있어야 하며 기술은 물론 필요 인프라 확보 목표도 수립합니다. 또한 매년 증가하는 컴퓨팅 파워를 반드시 활용하여 이론과 모델링을 기반으로 목표를 설정합니다. 연구개발에서 계산하지 않으면 뒤처질 수밖에 없습니다. 목표 설정은 물론 연구 과정에서도 계산 없이는 절대로 못 이긴다는 생각으로 과제를 추진해야 합니다.

목표 설정에서 최종 제품, 특히 기술혁신을 기반으로 하는 제품의 연구개발 과제는 시장을 바꾸는 기술 혹은 없는 시장을 만드는 기술 개발을 목표로 설정해야 합니다. 그리고 목표 설정 시점에 해당 제품 시장에서의 성공 조건을 객관적으로 평가해야 합니다. 필요조건으로 기술적인 획기적 돌파Breakthrough를 기반으로 한 시장을 놀라게 할 와우 팩터와 킬러 앱이 있어야 합니다. 와우 팩터는 '와, 저게 돼?', 킬러 앱은 '이거 없으면 안 돼!'라고

기술 제품의 시장 진입 성공 필요충분조건[43]

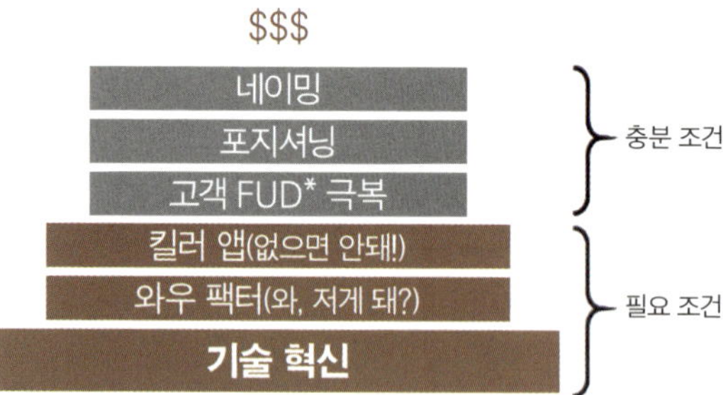

에너지 기술 제품의 시장 진출 성공 가능성[44]

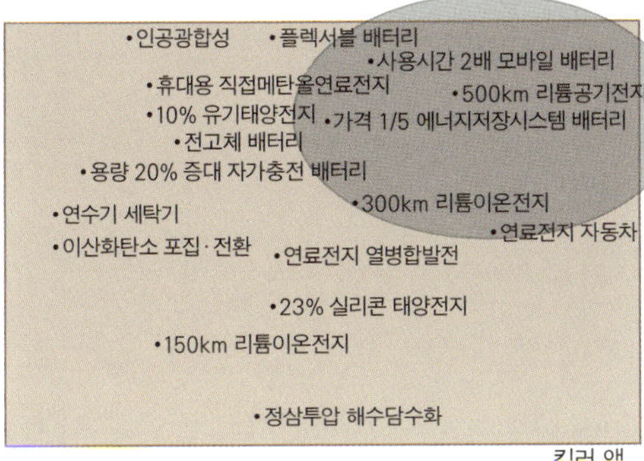

평가받는 기술입니다. 그리고 시장에서의 포지셔닝, 네이밍과 더불어 고객이 느끼는 퍼드FUD, 즉 공포Fear, 불확실성Uncertainty, 의심Doubt의 극복은 반드시 가져가야 할 충분조건입니다.

제가 근무한 삼성종합기술원 에너지랩에서 2013년 당시 연구개발 과제였던 에너지 기술 제품의 시장 진출 성공 가능성을 가늠하고자 자체 평가를 했던 사례를 소개합니다.[44]

1회 충전 사용 시간 2배 모바일 배터리, 500킬로미터 주행 리튬공기전지Li Air Battery, 플렉서블 배터리Flexible Battery, 가격이 5분의 1인 에너지저장시스템 배터리ESS Battery 등은 와우 팩터와 킬러 앱을 모두 겸비한 기술입니다. 인공광합성은 와우 팩터는 최상급이나 킬러 앱은 아닌 것으로 판단했습니다. 또한 연료전지차Fuel Cell Vehicle는 나름 킬러 앱이기는 하지만 와우 팩터는 부족합니다. 150킬로미터 주행 리튬이온전지는 와우 팩터와 킬러 앱이 상대적으로 모두 부족한 기술입니다. 기술 확보 방안과 추진 전략은 별도로 논의해야 합니다. 이러한 자체 평가 과정을 통해 과제 우선순위를 정할 수도 있고 과제 목표의 부족한 부분을 보강할 수도 있습니다.

목표 설정 시에 기술 정보 센싱을 최대한 활용해야 합니다. 센싱은 후발 주자에게는 기회 발굴의 방법이며 선발 주자에게는 경쟁자 견제는 물론 경우에 따라서는 파트너가 될 수 있는 계기가 되기도 합니다. 목표 설정을 하는 입장에서는 센싱을 이론적 한계와 엔지니어링 한계에 더하여 경쟁자 수준에 비교한 목표의 타당성을 가늠하는 잣대로 활용해야 합니다.

기술목표 설정 때 시장의 눈으로 해야 한다

기술회사의 연구개발 목적은 기술 과시가 아니라 매출과 이익의 창출입니다. 그러므로 연구개발의 목표 설정에서 기술적 도전은 당연하겠으나 해당 기술을 적용한 제품의 가치를 엔지니어가 아니라 시장의 눈으로 판단하는 과정이 필요합니다. 개발하고자 하는 제품이 기술혁신을 이루었음에도 시장에 진입하지 못하거나 단기 상품으로 전락할 우려가 없는지 마케팅 부서의 도움을 받아 판단받는 것이 좋습니다.

그림 「기술혁신 기반 제품의 시장성」은 2013년에 시장에 새롭게 등장한 기술혁신 기반 제품들이 소비자에게 어떻게 대접받

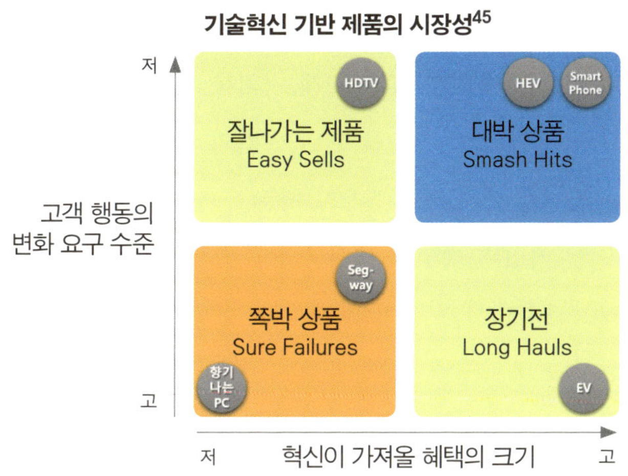

고 있는지를 구조화한 것입니다.[45] 해당 제품에 대하여 시장에서의 성공 여부를 판단하는 잣대로서 '기술혁신이 가져올 소비자 혜택의 크기'와 '고객 행동 변화의 요구 수준'을 축으로 구분하면 4개 제품군으로 분류됩니다. 예컨대 스마트폰, 하이브리드 전기차$_{HEV}$는 소비자 스스로 변해야 하는 정도는 적으면서 소비자에게 혜택이 큰 기술로서 대박 상품$_{Smash\ Hits}$입니다. 세그웨이나 향기 나는 PC 등은 혁신기술을 도입했으나 소비자 입장에서 혜택이 그리 크지 않고 행동의 변화가 필요한 제품이었습니다. 당연히 기술은 과시했으나 쪽박 상품$_{Sure\ Failures}$이었습니다.

대박 상품을 타깃으로 하되 전기차와 같이 장기전 혹은 HDT-V(고화질TV)와 같이 잘나가는 제품을 목표로 함으로써 연구개발의 목표가 기술 과로 변질되지 않도록 주의해야 합니다.

기술혁신을 전제로 설정한 목표가 제대로 정의됐는지도 혁신의 유형별 잣대를 기준으로 평가해볼 수 있습니다. 즉 혁신의 결과가 고객 행동의 변화를 넘어 고객 가치를 얼마나 향상시키는지 그리고 그러한 가치 창출을 위한 방법이 얼마나 획기적인지를 근거로 혁신을 세 가지 유형으로 나눌 수 있습니다. 고려대 김언수 교수가 '혁신의 방법을 혁신하라'는 부제를 단 저서 『넥스트 이노베이션』[46]에서 깊이 있게 분석한 것입니다. 김언수 교수는 설정된 목표의 수준을 점진적 – 혁신적 향상 정도에 따라 유지형 혁신Battlefield–sustainable Innovation, 확장형 혁신Battlefield–expanding Innovation, 파괴형 혁신Battlefield–destroying Innovation으로 분류하고 유형별로 각각 다른 실행 방법을 이야기했습니다. 목표 설정 방법부터 목표 달성 방안의 도출과 실행은 물론 평가 방법도 혁신의 크기에 따라 차별화해야 함을 알 수 있습니다.

목표 설정과 관련하여 꼭 이야기하고 싶은 것이 있습니다. 중장기를 목표로 하는 연구개발을 할 때 예측하지 못한 경쟁 기술의 발전, 전혀 예상치 못한 주변 기술의 진보, 급진적인 시장 상황 변화 등으로 추진하던 기술의 방향이 옳지 않았음을 알게 되는 경우가 있습니다. 이럴 때 리더를 중심으로 크리티컬 리뷰Critical Review를 통해 빠르게 과제의 목표를 재설정하는 결정을 해야 합니다. 흔히 애자일Agile이라고 표현하는 민첩한 목표 변경 또한 연구개발의 경쟁력임을 인정해야 합니다. 누구나 알고 있는 위대한 경영자들도 기술 예측에 있어서 치명적 오류를 범했던 사례들이 있습니다.

대가들의 기술 예측 오류[45]

IBM digital Microsoft McKinsey & Company

"세계 컴퓨터 수요는 약 5대 정도일 것이다."
(1943년 IBM 창업자 토머스 왓슨)

"가정에서 컴퓨터를 쓸 일은 없을 것이다."
(1977년 디지털 이큅먼트 창업자 켄 올슨)

"메모리가 640K 정도면 누구에게나 충분할 것이다."
(1981년 마이크로소프트 창업자 빌 게이츠)

"세계 휴대폰 수요는 2000년에 90만 대 정도일 것이다."
(1983년 매킨지)

대표적으로 IBM 창업자인 토머스 왓슨은 1943년에 "세계 컴퓨터 수요는 약 5대 정도일 것"이라고 예측하고 창업했으나 적극적으로 목표를 변경하며 PC 혁명을 주도했습니다. 또한 최근 세계 시총 1위 자리를 두고 엔비디아와 경쟁하고 있는 시스템반도체 분야 최고 회사인 마이크로소프트를 창업한 빌 게이츠는 1981년에 "메모리가 640K 정도면 충분할 것"이라고 말했습니다. 그러나 이후 목표를 변경해 마이크로소프트는 해당 분야에서 기술혁신은 물론 매출에서도 최고를 이룬 기술회사의 선두주자로 자리매김했습니다.

이렇듯 세계 최고 기업의 경영자는 목표 설정 이후에 시기적절하게 목표와 전략을 과감하게 변경해 성공적인 경영을 이어갔습니다. 때로는 영악할 만큼 과감하게 목표를 변경할 줄 아는 마인드가 필요한 이유입니다.[9]

3장

창의

: 경쟁을 돌파하는 기술자의 무기다

1

낯섦은 창의의 출발점이다

"낯선 것에 도전하라. 낯선 것이 창의적 솔루션을 가져온다."[8]

2007년 11월에 『네이처』가 인류 역사를 바꾼 10명의 천재 중에 가장 창의적인 인물 1위로 선정[47]한 레오나르도 다 빈치가 창의적으로 사고하는 방법을 정의한 명언입니다. 그는 화가이자 조각가, 발명가, 건축가, 해부학자, 지리학자, 음악가이자 이탈리아의 르네상스를 대표하는 석학입니다. 그는 창의적 발상을 통해 예술, 과학, 공학 부분에 일반인이 상상하지 못한 많은 업적을 남겼습니다.

마이클 겔브는 레오나르도 다 빈치의 정신세계를 일곱 가지로 구분하여 창의적 사고법을 설명합니다.[48]

호기심Curiosita	끊임없는 학습 욕구
증명Dimostrazione	경험을 통해 지식을 검증하려는 실험정신
감각Sensazione	오감의 훈련과 활용
모호함Sfumato	모호함, 역설, 불확실성에 대한 포용
예술과 과학Arte & Scienza	좌뇌와 우뇌를 모두 쓰는 사고
육체적 성질Corporalita	정신과 조화와 균형을 이루는 육체의 계발
연결Connessione	모든 사물과 현상의 연관성을 인식하는 시스템적 사고

이 중에서 스푸마토Sfumato는 연기와 같이 자욱한 흐릿한 상태를 말합니다. 생각과 경험의 깊이가 깊을수록 자연스럽게 애매모호하고 불편한 상황에 맞부딪치게 됩니다. 창의적 활동을 위해서는 그 불확실한 상황을 기꺼이 받아들이는 의지가 필요함을 강조하고 싶습니다.

창의는 익숙함을 파괴하는 낯섦에서 나온다

저는 모호함에서 비롯된 불편과 낯섦에 도전하기 위해 다른 여섯 가지 사고법이 도출됐을 것이라고 봅니다. 결국 인류 역사상 가장 창의적인 인물로부터 얻을 수 있는 교훈은 '끊임없이 나를 낯설고 곤혹스럽게 하고, 이를 통해 끊임없이 자신에게 문제를 던지고, 다시 그 속에서 해답을 찾는 작업을 해야 한다.'[8]라는

서양   동양

- 라틴어: creare
- 중세기: 크레아티오creatio는 신이 무에서 유를 창조했다는 뜻. 인간이 창의성을 발휘하면 신의 영역을 침해하는 행위가 됨
- 르네상스: 신본주의에서 인본주의로 전환하면서 창의성이 폭발함. 레오나르도 다빈치, 갈릴레오 등 천재들의 등장
- ~1940: 창의는 천재들의 전유물이 됨
- 1946: 프랑스에서 créativité 단어 등장, 미국에서 creativity 단어 사용 시작 → 창의가 천재들의 전유물에서 벗어남

- 한자: 創意
- 創(비롯할/다칠 창)
  곳간倉 + 칼刀 = 곳간을 도끼로 부순다는 뜻
- 意(뜻 의)
  마음心 + 빛日 + 세우다立 = 마음에 빛을 세우다는 뜻
- 창의란 기존의 것을 파괴하고 새로운 것을 만드는 행위 (동시에 아픔을 수반함)

점입니다. 즉 '익숙한 것일수록 반창의적anti-creative으로 작용한다.'는 것입니다. 그리고 '창의'는 프롤로그에 언급했듯이 라틴어와 한자어로 유추해보면 신의 영역을 침해하는 행위이고 기존의 편안하고 중요한 것을 파괴하여 마음에 빛을 들이는 일입니다.

창의는 어렵기에 최고만이 수행할 수 있다

창의가 얼마나 어려운 일인지는 인류 최고의 창의적 인물로부터의 교훈과 서양과 동양의 어원 해석으로 알아봤습니다. 여기에 더하여 그 어려운 창의는 최고만이 수행할 수 있다는 것을 프

리미어리그에서 활약했던 박지성 선수의 "경쟁이 창의를 낳고 창의적인 플레이는 절벽에 섰을 때 구현된다."[8]라는 말에서 이해할 수 있습니다.

창의를 하기가 쉽지 않다는 것이 얼마나 중요한 일인가를 설명하고자 합니다. 최고의 발명가인 토머스 에디슨은 우리가 일반적으로 알고 있는 '천재는 노력이 99%'라고 이야기한 것과는 조금 다른 언급을 한 바 있습니다. 82세 생일 파티 자리에서 에디슨은 "내가 천재는 1%의 영감과 99%의 노력으로 만들어진다고 했다는데 최초의 영감이 좋지 않으면 아무리 노력해도 신통한 결과를 얻지 못합니다. 영감 없이 무조건 노력만 하는 사람은 쓸데없이 에너지만 낭비하는 꼴입니다."[49]라고 이야기했습니다. 1%의 독창적 창의력이 99%의 노력을 좌우함을 강조한 것입니다. 즉 그 어렵다는 창의가 얼마나 중요한지를 역대 최고 발명가의 말에서도 잘 알 수 있습니다.

2

창의의 실행은 스스로 만들어야 한다

대다수 기업, 특히 기술회사는 기술경영을 회사의 방침으로 설정하고 창의를 통한 혁신을 방법론으로 추진하고 있습니다. 그러나 창의를 어떻게 해야 잘할 수 있는지는 아무도 가르쳐주지 않습니다. 논리적 사고를 통해 도출된 전략과 실행으로 검증된 선술을 모아 해당 조직의 업의 개념에 맞는 방법론을 스스로 만들어가야 합니다.

1장에서 설명한 기술 트리와 기술 로드맵 등이 창의를 잘하기 위한 '전략'이라면 글로벌 경영 전문가들이 강조했던 내용과 제가 터득하고 실천했던 방법들을 모아 창의를 잘하기 위한 '전술'을 소개합니다. 먼저 낯섦, 즉 모호함을 포용하고 이에 더하여 위

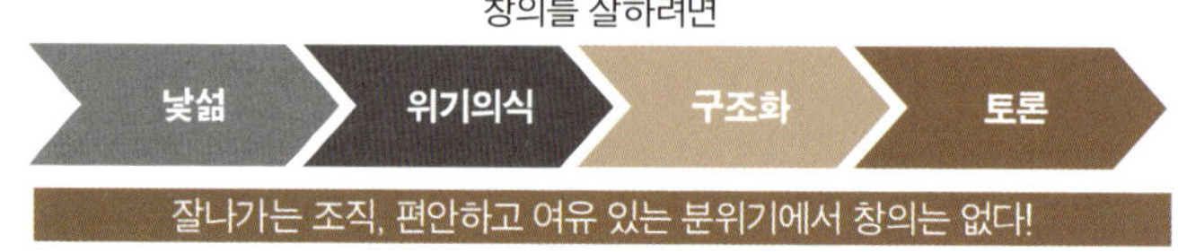

기의식, 구조화, 토론이 창의적 연구개발을 위한 방법론입니다.

'낯섦'과 '위기의식'을 연동해야 한다

창의를 잘하기 위한 첫 번째 방법인 '낯섦'과 두 번째 방법인 '위기의식'은 연동합니다. 스스로를 낯설게 해야 합니다. 잘나가는 부서, 여유 있고 편안한 분위기의 조직에서는 창의가 이루어지지 않습니다. 수년째 1등을 하고 있다고 하여 편안해하며 안주한다면 절대로 창의적 발상이 나오지 않습니다. 세계 1등 자리도 스스로 위태롭다고 판단하고 불편해할 때 초격차를 벌리는 창의가 가능합니다.

'궁즉변窮則變 변즉통變則通 통즉구通則久'는 궁하면 변하고, 변하면 통하고, 통하면 오래간다는 뜻입니다. 변화에 대한 철학적 사유를 담은 주역의 어구입니다. 중국 고서의 설명이 아니더라도 위기의식에 대한 중요성은 이루 다 언급하기 어려울 정도로 많은 전례가 있습니다. 삼성 이건희 전 회장은 글로벌 일등 제품을 만들어낸 직원들에게 "지금이 위기"라고 충고했습니다. 현대 정주

영 전 회장은 지금 편하고 좋은데 변하려니 힘들다는 사원들에게 "해봤어?"라고 도전했습니다. 참고로 위기를 뜻하는 영어 크라이시스Crisis의 어원은 그리스어 '크리시스Krisis'입니다. 놀랍게도 크리시스의 뜻은 '결정Decision'입니다. 그렇다면 위기의식은 새로운 도전에 대한 결정의 순간일 것입니다.

복잡한 논리와 데이터를 구조화해야 한다

창의를 잘하기 위한 세 번째 방법은 구조화입니다. 저는 부서원들과 기술에 대해 논의할 때마다 복잡한 논리와 데이터들을 화이트보드 위에 그래프나 도표로 시각화하거나 구조화하곤 했습니다. 서로가 아는 것을 모두 꺼내어 놓고 그 가운데서 서로 모르는 것을 찾아가는 창의를 위한 방법이었습니다. 이러한 구조화 과정은 이후에 설명할 특허 트리, 경쟁 비교 지표, 지식 충돌 등으로 발전하게 됩니다.

세계적으로 명성이 높은 창의력 개발 전문가인 마이클 미칼코Michael Michalko는 저서 『아무도 생각하지 못하는 것 생각하기Cracking Creativity』[50]에서 레오나르도 다 빈치와 갈릴레오 같은 천재들이 창의적이었던 이유를 "자신의 방대한 생각을 다이어그램, 그래프, 도표 등을 이용해서 기록하고 전달했기 때문"이라고 서술합니다. 그리고 금융업계의 창의적 리더로 인정받는 현대카드의 정태영 사장은 "회사의 리더들은 기획력과 실행력이 모두 필요하다. 창의를 기반으로 하는 기획력은 이슈와 계획들을 생각해서 늘어놓지만 말고 구조화하는 능력이고, 실행력은 장애물을 넘어 신속히 해내는 능력"[51]이라고 자신의 SNS에서 언급했습니다. "임원들에게 항상 요구하는 사항인데 너무 많은가?"라고 자문하기도 한 만큼 실행하기 매우 어려운 덕목일 것입니다.

구조화는 문제를 결합하고 통합화한 후 변형의 과정으로 진행하는 3단계인 조합Combination, 통합Integration, 변형Transformation으로 전개[52]하기도 합니다. 제가 추구했던 '구조화'의 방법은 5장에서 리더의 역량 중 하나로 상세히 설명하겠습니다.

토론을 통해 서로의 의견을 나눠야 한다

창의를 잘하기 위한 네 번째 방법은 토론입니다. "우리 회사는 술 한잔하며 떠들다 만들어지는 아이디어가 많다. 역시 창의Creativity는 상호작용Interaction에서 나온다. 낮에는 금융 토론, 밤에는 감성 토론을 한다."[51] 정태영 사장이 SNS에 올린 글입니다. 창의를 끌어내기 위한 '토론'이 얼마나 중요한지를 직관적으로 표현한 말입니다. 연구개발은 물론 조직이 추구하는 업무의 시도 중 일정 비율은 검증되지 않은 새로운 시도여야 회사에 활력이 돌고 구성원들이 창의적으로 움직입니다.

이때 토론은 논의Discussion여야 합니다. 주제에 대한 서로의 관점과 경험을 공유하고 그 의견에 귀를 기울이면서 무언가를 배우고 때로는 서로 모르던 새로움을 창출해가는 과정입니다. 절대로 찬성과 반대 혹은 이기고 지는 경쟁의 양상을 띠는 논쟁Debate이 되어서는 안 됩니다.

대한민국 역사상 유럽의 르네상스에 버금가는 가장 많은(어쩌면 유일한) 창의가 융성했던 시기는 15세기 초반입니다. 그 중심에는 창의적 리더였던 세종대왕이 있었습니다. 세종대왕이 추구한 토론 문화는 당시 최고 수재들이 모인 집현전 학자들과의 소통 수단이자 창의 방법이었습니다. 특히 세종대왕이 직접 주도한 경연經筵[53]이라는 제도가 있었습니다. 중국 송나라에서 기원한 학술 제도입니다. 학자들이 왕에게 유학 경전과 역사서를 강의하고 논의하는 제도입니다. 우리나라에서 경연은 고려시대부터 조선시대까지 국왕과 신하들이 유학 경전과 역사서 등을 강론하면서 학문과 시무를 논하던 행사였습니다.

경연[53, 54]

『세종실록』에 따르면 세종대왕은 경연을 신하들과의 토론의 장으로 변경하여 총 1,898회를 시행했습니다.[53] 그의 재위 기간이 32년(1418~1450)임을 고려한다면 연간 60회, 즉 주 1회 이상 시행한 것입니다. 계급장 떼고 진행되는 끝없는 토론을 통한 지식 공유와 창의의 과정이었을 것입니다.

이후 성종은 국정 현안을 토론하는 방법으로 경연을 더욱 강화하여 시행하면서 젊은 신하들을 대거 참여시켰다고 합니다. 그러나 이후 영조 때는 토론보다는 신하들의 실수를 지적하고 교육으로 이어지는 행사로 변형됐다고 합니다. 현세대의 기술 토론도 리더에 의해 이러한 형태, 즉 영조 때의 경연처럼 지적 혹은 교육으로 변질되지 않도록 주의해야 할 것입니다.

세종 때의 경연은 시대를 이끄는 젊은 학자들과 함께 끊임없이 자신과 상대방에게 질문하고 대답하는 과정을 통해 창의가 발현되는 현장이었습니다. 저는 이를 '지식 충돌'로 정의하는데 이 장의 후반부에 다시 설명하겠습니다.

3

안다에는 12단계가 있다

자신의 전문성 수준을 알아야 한다

창의 전개의 3대 요건 중 첫 번째는 전문성Expertise 입니다. 전문성은 지식의 수준을 의미합니다. 저는 이를 '앎Knowledge'으로 정의하고자 합니다. 이건희 전 회장은 경영자들이 갖춰야 할 자질로 다섯 가지 능력, 즉 지행용훈평知行用訓評[1]을 꼽고 안다 수준을 10단계로 설명했습니다. 저는 여기에 2단계를 더해 12단계[45]로 정리해보았습니다.

'당신은 이 일에 대해 얼마나 아는가?'라는 질문을 받으면 너

안다 12단계[45]

구루Guru	'빛을 주는 사람'이라는 뜻으로, 영적인 스승, 안내자, 구세주 (특정 영역에서 최고의 지식, 지혜, 권위를 가지고 다른 사람들을 올바른 방향으로 인도하는 사람)
사원(지知·행行)	1단계: 어떠한 사실에 대하여 들은 적이 있다. 2단계: 여러 번 들었다 3단계: 들은 내용을 대충 말할 줄 안다 4단계: 핵심 내용을 정확하게 전달할 줄 안다. 5단계: 들은 내용을 할 줄 안다.
선임(용用·훈訓)	6단계: 익힌 대로 행동한다. 7단계: 학습한 내용을 시킬 줄 안다. 8단계: 가르칠 줄 안다.
수석(평評)	9단계: 체계적으로 가르칠 줄 안다. 10단계: 평가·분석할 줄 안다.
임원·마스터~ CEO·펠로우(도導)	11단계: 예측한다. 12단계: 인도한다.

무나 막연해서 본인의 안다 수준을 정확히 표현하기 어렵습니다. 하지만 지식의 최고봉이 누구인지 알고 그 경지에 이르는 과정을 파악한다면 그에 비해 본인의 안다 수준을 평가할 수 있을 것입니다.

　안다 최고봉을 보통 구루Guru라고 합니다. 구루는 특정한 영역에서 위대한 지식과 지혜 그리고 권위를 가진 자로서 그러함을 사용하여 다른 자를 인도할 수 있는 자[55]를 말합니다. 단어 자체로는 '빛을 주는 사람'이라는 뜻으로 영적 스승, 안내자, 구세주로도 불립니다. 이러한 구루의 이미지[55]를 참고하면 그 안다 수준이 어떠한지 상상할 수 있을 것입니다.

구루를 최고봉으로 놓고 본인의 안다 수준을 10단계 기준으로 평가해봅니다. 안다 1~5단계는 지행용훈평에서 지와 행에 해당합니다. 연구개발직 체계에서는 사원에 해당합니다. 안다 수준이 들어서 아는 수준부터 직접 실행할 수 있는 수준까지 5단계로 분류합니다.

안다 6~8단계는 지행용훈평에서 용과 훈에 해당합니다. 연구개발직 체계에서는 선임 혹은 책임연구원에 해당합니다. 지식을 활용하는 수준에서 후배를 육성할 수 있는 수준까지 3단계로 분류합니다. 배운 바를 실행하던 학생에서 선생님으로 변신하는 단계입니다.

안다 9~10단계는 지행용훈평에서 평에 해당합니다. 연구개발직 체계에서는 수석연구원 혹은 프로젝트 리더에 해당합니다. 지식을 기반으로 한 리더로서 완성되는 단계입니다.

그런데 안다 최고봉은 10단계를 뛰어넘어 12단계의 수준이 되어야 도달할 수 있습니다. 지행용훈평을 넘어 도導에 이르러 예측하고(11단계)와 인도하는(12단계) 수준입니다. 11단계가 기술임원·마스터의 수준이라면 12단계는 구루의 수순으로서 지식, 지혜, 권위를 기반으로 다른 사람을 인도할 수 있는 CEO·펠로우Fellow의 역량을 의미합니다. 11단계에 이르면 상세 기술을 예측하여 기술 트리를 만들 수 있습니다. 12단계에서는 연구개발의 전략 방향을 인도하기 위한 기술 로드맵을 그려낼 수 있을 것입니다.

각자 현재 본인의 안다 수준을 스스로 정의해보고 본인의 역할에 걸맞은 수준을 보유하고 있는지, 다음 단계로 발전하기 위해 습득해야 할 지식과 경험은 어떠한 것이 있을지 지속해서 탐구하고 노력하기를 바랍니다. 지식 단계를 계속 끌어올려 경쟁자보다 더 많이 알고 더 먼저 알아서 창의를 통한 'R&D 제대로 하기'를 구현해야 합니다.

혁신은 어려운 과정을 거쳐야 한다

기술 트리와 기술 로드맵은 창의를 위한 전략이고 낯섦, 위기의식, 구조화, 토론이 창의를 이루기 위한 전술입니다. 그리고 혁신은 창의의 결과물입니다. 혁신革新은 고통을 감내하고 가죽革을 벗겨냄으로써 새로움新을 창출하는 과정입니다. 특히 기술회사가 강조하는 혁신은 단순한 노력으로 이루거나 어느 날 갑자기 얻어낼 수 없습니다. 즉 철저히 준비해 어려운 과정을 거쳐야만 합니다. 저는 그 과정을 '혁신의 고리Innovation Loop'[11]로 설명하고자 합니다.

혁신 부품 개발 과정을 예로 든다면 앞에서 설명한 여러 단계의 지식을 이용하여 재료의 기능을 이해하고 발전시키고 재료에 가치를 부여하여 새로운 부품이 탄생할 수 있을 것입니다. 이 과정은 무한적으로 상승 발전하게 되는데 혁신 부품을 통해 재료의 또 다른 혁신적 기능을 요구하거나 발견할 수도 있습니다. 새

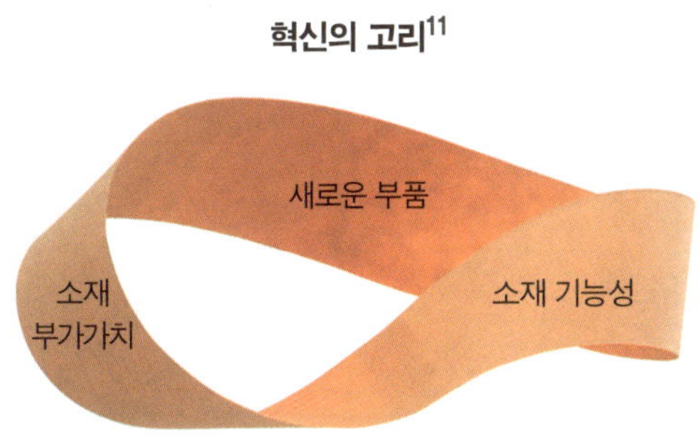

로운 기능은 더 새로운 가치를 부여하여 부품의 혁신을 이루고 이는 또다시 새로운 기능을 도출합니다. 이렇게 창의를 통해 무한하고 지속적인 혁신이 가능합니다. 이게 바로 '혁신의 고리'입니다. 리튬이온전지용 재료와 셀의 지속적인 기술혁신 과정을 사례로 살펴보겠습니다.

리튬이온전지의 기술혁신 과정

1946년	리튬금속화합물에 리튬이온의 저장, 방출 기능 부여
1976년	리튬금속화합물에 이차전지용 양극 소재로 가치 부여
1991년	충·방전이 가능한 리튬이온선시가 상용화
1994년	리튬코발트산화물LCO을 리튬 니켈 코발트 망간 산화물NCM과 리튬 니켈 코발트 망간 산화물NCA로 기능 고도화
2001년	전기자동차에 적용할 수준으로 고용량 가치 부여
2010년	정보통신IT 모바일 기기용에서 전기차용 혁신 부품으로 발전
2013년	혁신의 대상을 양극 소재에서 음극 소재로 전이
2015년~	전해질을 액체에서 고체로 혁신하는 전고체 전지에 도전 중

리튬금속화합물에 리튬 이온의 저장, 방출 기능을 부여하고 (1946년) 이를 이차전지용 양극 소재로 가치를 올리자(1976년) 충·방전이 가능한 리튬이온전지가 상용화됐습니다(1991년). 이렇듯 최초 혁신에서 혁신의 고리를 완성하기까지 수십 년이 걸리는 과정이었습니다. 그러나 혁신 부품인 IT용 충전 가능 리튬이온전지가 시장에 등장한 이후 혁신의 고리 순환 속도는 가속됐습니다. 최초 리튬코발트산화물LCO은 니켈, 망간, 알루미늄 등으로 치환된 삼원계의 리튬 니켈 코발트 망간 산화물NCM 혹은 리튬 니켈 코발트 알루미늄 산화물NCA로 기능을 고도화하여(1994년) 전기자동차에 적용할 수준으로 고용량 가치를 부여했습니다(2001년). 재료의 혁신은 결국 거대 신규 시장(2030년 5,000억 달러 예상)[56]을 이끄는 혁신 부품(전기차용 리튬이온전지)으로 발전했습니다(2010년). 이러한 혁신의 고리는 양극 소재에서 음극 소재로 전이되어 또 다른 혁신을 일으켰고 급기야는 전해질을 액체에서 고체로 변경하는 전고체 전지라는 혁신에 도전하고(2015년 이후) 있습니다.

누가 먼저 빠르고 정확하게 혁신의 고리의 연속성을 이어가고 있는가가 기술 경쟁력이고 'R&D 제대로 하기'의 핵심입니다. 리튬이온전지 혁신의 고리에서 봤듯이 최초 혁신에는 수십 년이 걸렸으나 최근 혁신의 속도는 점점 빨라지고 있습니다. 여기에는 실험 방법의 고도화는 물론 계산과 분석 기술의 고도화가 커다란 역할을 하고 있습니다.

하나의 혁신은 3,000개의 아이디어에서 나온다

식스 시그마Six Sigma 기법의 전파자로 유명한 위노베이션WinO-vation의 기술경영 전문가 그레그 스티븐스는 1997년에 쓴 논문 「연구 기술 관리Research Technology Management」에서 "일반적으로 하나의 성공적인 혁신 제품은 3,000개의 설익은 아이디어로부터 시작된다."[57]라고 했습니다.

즉 시장에서 성공하는 하나의 혁신 제품은 3,000개의 설익은 아이디어Raw Ideas로 출발하여 300개의 실제 구현되는 아이디어 Ideas Worked로 발전한 후 125개의 소규모 연구 과제, 9개의 대규모 개발 과제로 스크리닝됩니다. 그리고 결국 4개의 상품화 과제

한 번의 상업적 성공을 위한 3,000개의 설익은 아이디어[57]

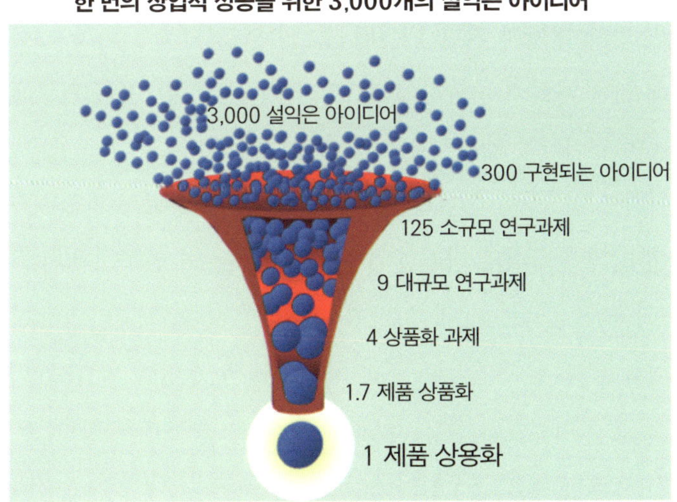

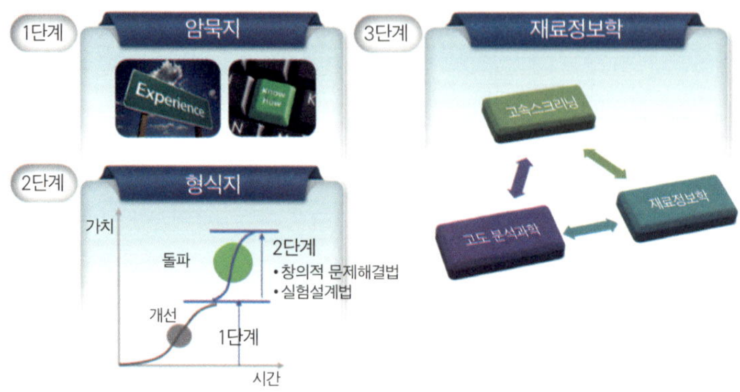

로 발전된 뒤에 1.7건의 제품 상용화를 통해 1건의 시장 진입을 이루게 됨을 설명합니다. 그리고 최초 3,000개의 아이디어가 매우 중요함을 강조하는 동시에 스크리닝 과정에서의 식스 시그마 기법을 강조하고 있습니다. 이를 최근 상황에 대입하여 해석해 본다면 디지털 기반의 연구개발 인프라를 활용하여 고도화된 실험 방법과 계산에 의한 데이터 정보학과 고도 분석과학 기술을 통해 더욱 빠르고 정확하게 스크리닝을 실행하는 것이 연구개발 성공의 열쇠라는 메시지로 이해할 수 있습니다.

위의 그림 「실험 방법의 발전」은 혁신을 위한 연구 방법, 즉 실험 방법을 단계별로 정리한 것입니다.[11] 기존의 연구개발은 대부분 암묵지Tacit Knowledge에 기반한 것이었습니다(1단계). 암묵지는 형식을 갖추어 데이터로 표현하기 어려운 경험과 학습으로 몸에 쌓인 지식입니다. 장인 밑에서 견습하는 도제에 의한 기술 개발이다 보니 해당 연구원이 사라지면 처음부터 다시 시작하거나 잘못 전달받은 정보를 기반으로 개발해야 했습니다.

다행히도 제가 대학원에서 공부하던 시절과 입사 초기인 1980 ~1990년대에는 형식지Explicit Knowledge에 기반해 연구개발을 수행했습니다(2단계). 형식지를 빌려 문서화 혹은 더 나아가 코드화하고 공유된 언어로 전달할 수 있었습니다. 연구개발 과정과 결과는 개발 인력의 수나 지식의 양과 관계없이 모두 공유됐지만 여전히 아날로그식 연구 방법론에 그치고 있습니다. 그나마 식스 시그마 기법에 근거한 실험설계법DoE, Design of Experiment, 창의적 문제해결법TRIZ, Theory of Inventive Problem Solving 등의 체계적인 방법론을 활용해 연구개발 속도와 정확도를 개선했습니다.

현재도 많은 개발 현장에서 요인설계Factorial Design 등에 기반한 실험설계법을 활용하고 있을 것입니다. 그러나 이제는 고속스크리닝HTS, High Throughput Screening 기법으로 빠르게 다량의 데이터를 확보하고 기계학습Machine Learning에 근거한 인공지능을 활용하여 재료정보학Materials Informatics 수준으로 발전시키고 고도 분석까지 연계해야만 경쟁력 있는 연구개발이 가능한 시점입니다(3단계).[11]

• 시뮬레이션

컴퓨팅 파워의 진보로 데이터 기반의 연구개발이 더욱 의미 있게 됐습니다. 이를 3단계의 시뮬레이션으로 정리하면 1단계는 기능을 제어하는 인자$_x$를 통해 구현하고자 하는 성능$_Y$을 예측합니다. 2단계는 이를 넘어 성능$_Y$을 구현할 수 있는 인자$_x$를 정성

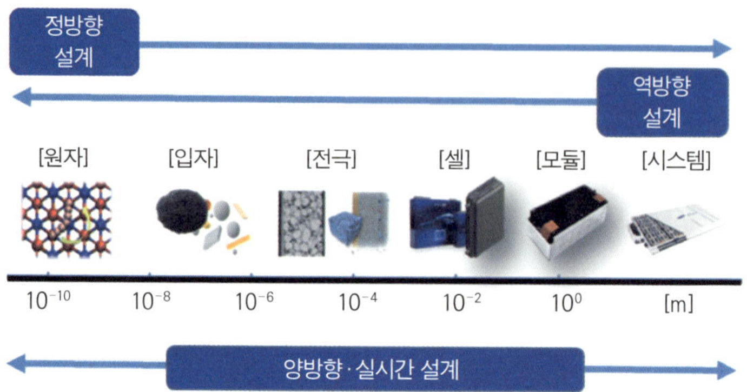

과 정량으로 제안하는, 즉 역설계Inverse Design를 시도합니다. 3단계는 궁극적으로 인자$_x$와 성능$_y$의 양방향 실시간 설계와 예측이 가능하도록 구현합니다. 이러한 계산의 대상이 되는 시스템의 스케일과 도메인을 리튬이차전지를 사례로 설명하겠습니다.

전기화학 반응으로 리튬이온을 저장 방출하는 양·음극 활물질 결정을 구성하는 원자 수준(10^{-10}m)을 시작으로 분말 형태의 입자(10^{-8}m)와 이들로 구성된 극판(10^{-5}m)과 배터리 성능을 구현하는 셀(10^{-2}m)을 포함합니다. 궁극적으로는 모듈·팩 시스템Pack System(10^{0}~10m)까지 모두 아우르는 멀티스케일·멀티도메인MSMD, Multi–scale Multi–domain 시뮬레이션으로 발전해야 합니다.[58] 이러한 멀티스케일·멀티도메인 계산을 양방향 실시간 설계와 예측 수준으로 수행함으로써 가장 경쟁력 있는 계산 과학의 응용이 가능할 것입니다.

• 고도 분석

계산으로 예측한 데이터는 실험으로 구현하고 구현한 실험 결과는 고도 분석으로 마무리합니다. 고도 분석은 반응 후의 변화를 관찰하는 반응 후 분석ex–situ Analysis, 반응 중의 현상을 직접 관찰하는 실시간 분석in–situ Analysis을 연계한 조합적 분석Combinative Analysis, 여러 개의 다른 기능을 갖는 분석 장비로 얻은 정보와 아이디어를 결합해 더 완전하고 상호 보완적인 포괄적 분석을 수행하는 보완적 분석Complementary Analysis을 말합니다.

그림 「조합적 분석과 보완적 분석」은 고도 분석 기술을 리튬이온전지의 양극 활물질과 실리콘 음극 계면 분석에 활용한 것입니다.[11] 위쪽 그림은 '조합적 분석' 결과입니다. 충전이 진행되는

조합적 분석과 보완적 분석[11]

조합적 분석

충전 중 및 충전 후
양극 활물질의 구조 변형, 산화도, 원자 단위 변화 분석

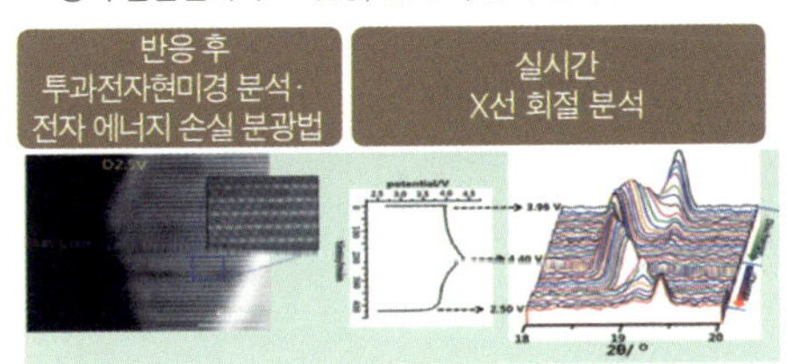

보완적 분석

충전 및 방전 후
실리콘 음극 계면의 동일한 위치에 대한 원자·입자 분석

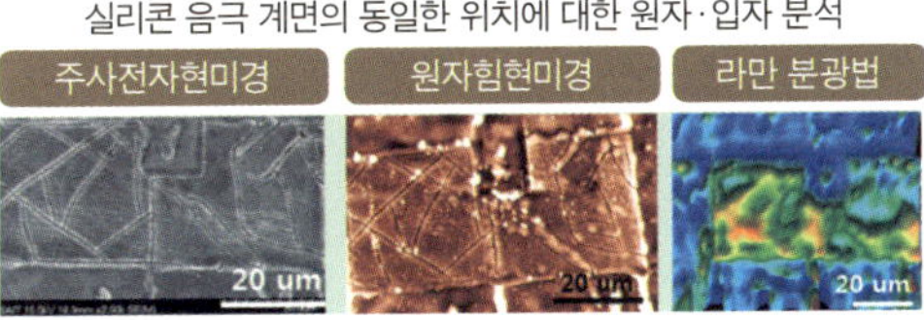

동안과 충전이 끝난 이후의 양극 활물질의 구조, 산화도, 원자 단위 변화를 각각 반응 후 투과전자현미경 분석$_{\text{ex-situ TEM}}$, 전자 에너지 손실 분광법$_{\text{EELS}}$과 실시간 엑스선 회절 분석$_{\text{in-situ XRD}}$을 활용했습니다.

아래쪽 그림은 동일한 위치를 서로 다른 분석기기를 이용하여 관찰한 '보완적 분석' 결과입니다. 충전과 방전이 모두 끝난 후 실리콘 음극 계면에 있는 동일한 위치의 원자와 입자 형태를 주사전자현미경$_{\text{SEM}}$, 원자힘현미경$_{\text{AFM}}$, 라만 분광법$_{\text{Raman Spectroscopy}}$을 활용했습니다.

고도 분석을 통해 남들이 보지 못하고 해석하지 못하는 현상을 먼저 정확히 분석해냄으로써 혁신의 방향을 제시할 수 있어야 합니다. 계산$_{\text{Simulation}}$ – 실험$_{\text{Experiment}}$ – 분석$_{\text{Analysis}}$ 과정은 '혁신의 고리'의 모든 단계, 즉 재료 기능 창출 – 재료 가치 부여 – 새로운 부품 혁신 단계에서 반드시 거쳐야 할 과정입니다.

4

전략 특허는 기술회사의 무기다

전략 특허로 원천을 선점하고 길목을 봉쇄하라

"호랑이는 죽어서 가죽을 남기고 사람은 이름을 남기고 연구원은 특허를 남긴다."[59]

특허의 중요성에 대해 제가 수시로 조직 내 연구원들에게 전달하는 문구입니다. 그 어려운 창의와 혁신을 통해 확보한 결과는 특허 출원을 통해 지식재산권으로 등록해서 보호받아야 합니다. 이는 기술회사의 영구적인 생존 전략이기도 합니다.

그럼에도 실력 있는 연구개발자들이 본인이 창출한 소중한 결

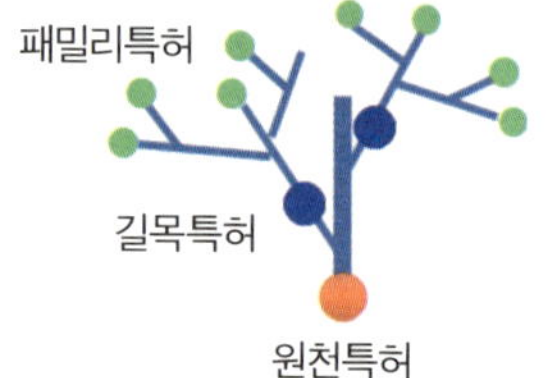

과를 보호받기 위해 변리사의 도움 없이는 제대도 된 청구항을 적어내지 못하는 경우가 있습니다. 그나마 최근에는 회사에서 체계적으로 특허 교육을 해 연구개발자들이 특허의 구성을 이해하고 청구항과 실시예를 포함한 명세서 작성 요령을 인지하여 그 수준이 향상되고 있어 다행입니다.

특허 출원 전문 변리사가 정리한 교과서적인 내용은 아닙니다만 제 경험과 실행으로 축적된 특허 전략을 특허 트리Patent Tree 개념으로 설명해보겠습니다. 특허의 종류는 원천과 개량 혹은 공격과 방어 등 여러 가지 방법으로 구분할 수 있습니다. 저는 기술 회사가 추구하는 전략 특허Strategy Patent를 원천특허, 길목특허, 패밀리특허로 구분[60]하고자 합니다. 전략 특허는 특허 트리에 근간이 되는 구도입니다.

• 원천특허

원천특허Origin Patent는 필수적인 요건을 권리로 가지고 있는 특허입니다. 어느 한 기술 분야에서 선도적으로 출원한 특허로서 경쟁자들에게 해당 권리를 매우 강력하게 행사할 수 있게 됩니다. 원천특허는 권리 범위가 비교적 넓은 편이기 때문에 경쟁자들이 해당 산업에 쉽게 뛰어들 수가 없습니다. 다만 원천특허 이후 관련한 개선 기술들이 특허로 등록될 수 있겠으나 기존의 원천특허권이 만료되는 기간(한국, 미국, 유럽의 경우 20년) 동안은 로열티를 지급해야만 해당 원천특허 기술을 사용할 수 있습니다. 참고로 알렉산더 벨의 전화기 특허[61]가 역사상 가장 강력하고 산업 지배도가 높았던 원천특허로 인정받고 있습니다.

원천특허의 출원은 물론 전략적 관리의 중요성을 설명하기 위해 제가 관여한 연구개발 테마 중 원천특허로 분류했던 기술 몇 가지를 소개합니다. 디스플레이 분야에서는 유기발광다이오드$_{OLED}$용 인광 소재로서 UDC가 출원한 도펀트$_{Dopant}$ 구조와 이를 구현하는 CM본드용 소재, 양자점$_{QD}$ 발광 소재로서 나노시스$_{Nanosys}$가 출원한 코어-셸$_{Core-Shell}$ 구조가 해당합니다. 이 중 UDC의 인광 소재 원천특허는 해당 기술의 독점성으로 발명 기관이 직접 사업을 추진하여 시장에서 독점적 지위를 누림으로써 회사 경영에 크게 기여했습니다.

배터리 분야에서는 리튬이온전지용 저가격 양극 소재인 리튬인산철$_{LFP, Lithium Iron Phosphate}$의 결정 구조가 이에 해당합니다. 2019년 노벨화학상을 수상한 텍사스대학교의 존 구디너프 교수 등이 해당 소재를 올리빈$_{Olivine}$ 구조로 정의하여 원천특허로 출원했습니다. 이후 하이드로퀘벡$_{Hydroquebec}$이 독점 사용권을 허가받아 보유하던 중 2022년 특허 기간이 만료됐습니다. 그런데 특허

유효 기간 중 중국 내 특허 등록을 저지했던 중국 업체들이 자국에서 양산하며 기술을 축적한 후 특허 만료 시점에 글로벌 시장으로 진출하여 시장을 점유한 사례가 있습니다.

또한 리튬과 망간의 함유량을 높인 리튬 망간 리치LMR, Lithium Manganese Rich 소재는 차세대 고용량 양극 활물질로 최근에 다시 관심을 받고 있는데 오랜 기간 과리튬산화물OLO, Overlithiated Oxide이라는 용어로 연구되어 왔습니다. 과리튬산화물은 아르곤국립연구소ANL, Argonne National Lab의 마이클 새커리 박사 등이 원천특허를 보유하고 2021년에 만료됐습니다. 그 과정에서 원천특허는 바스프BASF와 토다Toda 합작사에 라이선스된 후 다시 국내 회사로 서브라이선스Sub–license되기도 했습니다.

이상 배터리 분야의 양극 소재 원천특허 2건(리튬인산철LFP, 리튬 망간 리치LMR)은 권리가 유효한 기간 동안 매출을 일으키지 못하고 개발용으로만 활용된 만큼 발명 기관 입장에서 특허권 양도를 통한 이익 외에는 시장에서 전략적으로 성공하지 못한 사례인 듯합니다. 원천기술임에도 불구하고 전략 특허로 활용하지 못했고 그 때문에 기술 트리에 근거하여 의도적, 전략적으로 원천특허를 발굴할 필요가 있습니다.

• 길목특허

원천특허가 대부분 기술 트리상 1단계에 해당하는 기술로 구성된다면 '길목특허Pathway Patent'는 2단계 혹은 3단계에 해당하는 기술로서 원천특허의 권리가 만료가 임박해 있을 경우 효과적인 특허로 활용이 가능합니다. 경우에 따라서는 기존의 기술을 이용하여 개량한 특허로서 개량특허라고도 불리기도 하나 이에 더하여 진정한 길목특허는 말 그대로 특허 트리상에서 원천은 아니지만 원천 이후 기술 전개 과정의 길목을 잡을 특허를 의도적으로 출원한 전략 특허를 뜻합니다.

앞에서 올레드 디스플레이용 인광 소재로서 UDC가 출원한 도펀트 소재의 CM본드 구조를 원천특허라고 설명했습니다. 그런데 UDC가 실질적인 성능 구현을 위해 폴리피롤$_{PPy}$계 소재를 활용함을 청구항으로 설정한 상황에서 이를 회피하면서도 성능 구현이 가능한 또 다른 기술 줄기의 길목을 잡는 기술, 즉 2배위 구조의 폴리피롤$_{PPy}$계가 아니라 3, 4배위 구조를 갖는 물질을 개발하고 이미 출원된 다른 기술 줄기에 해당하는 비CM본드계 기술을 집중적으로 개발하거나 특허를 매입하는 등 원천특허를 보유하지는 못해도 길목특허를 확보함으로써 사업에서 자유로워짐과 동시에 특허 경쟁력에서 우위를 점할 수 있습니다(122쪽 표 참고). 이러한 의미에서 길목특허가 진정한 전략 특허라고 할 수 있습니다.

또 하나의 원천특허로 설명한 리튬이온전지용 고용량 양극 활물질인 리튬이 풍부하거나 망간이 풍부한 소재 혹은 과리튬산화물 소재 역시 원천특허는 라이선싱 등으로 사용권을 확보하고 그 이후의 2단계 기술 중 상복합화 조성으로 해당 기술의 이슈인 안정성을 개선함으로써 과리튬산화물의 상용화에 기술적으로 가장 의미 있는 길목기술을 확보할 수 있었습니다([표 3.2] 참고). 이어서 상안정성 관련 패밀리특허를 전략적으로 대거 출원한다면 결과적으로 원천특허 미보유의 단점을 길목특허와 패밀리특허로 극복할 수 있습니다.

• 패밀리특허

특허는 우선 질이 중요하지만 경우에 따라서는 양도 중요합니다. 특히 우선권, 침해 여부, 혹은 로열티에 대한 쟁의가 진행 중일 경우 해당 특허의 강력한 청구항이 무엇보다도 중요합니다. 그러나 관련 특허를 다량으로 보유한 기관에 유리한 판정을 내리는 경우가 많습니다. 이러한 이유로 최근에는 많은 기관이 출원과 유지 비용이 상당함에도 불구하고 특허 수를 늘리는 데 적극적인 것으로 알고 있습니다. 다만 특허의 양을 많이 가져감에서 무조건적 출원보다는 '전략적 출원'을 통해 특허의 질과 양을 모두 높이는 것이 옳겠습니다. 즉 패밀리특허Family Patent가 전략특허로서 중요한 이유입니다.

양자점 기술 특허를 예로 들어 설명하겠습니다. 앞에 언급한 양자점의 원천특허인 코어-셀 구조는 라이선싱을 통해 확보하고 동시에 카드뮴 프리Cd-free 조성에 대한 길목특허를 보유함으로써 사업화에 우선적 지위를 확보할 수 있었습니다. 이를 계기로 또 다른 줄기 기술을 발굴할 수 있습니다. 그리고 기존 원천특허와 길목특허에서 파생되는 다양한 매트릭스 조성, 배리어Barrier 구조, 패키지 구조의 기술도 전개할 수 있습니다. 또한 이에 더하여 기존 코어-셸 구조에 리간드Ligand 구조와 조성에 변화를 주어 양자점 잉크로의 확대 등 수많은 패밀리특허를 출원할 수 있습니다. 결국 보유한 길목특허인 카드뮴 프리 양자점 기술에 대해서는 다른 후발 경쟁자들이 함부로 넘볼 수 없는 우리의 성역임을 권리로 확보하게 됩니다. 그와 동시에 현재 사업화에 성공한 디스플레이용은 물론 광 검출기Photo Detector, 이미지 센서Image Sensor, 태양전지Solar Cell 등으로 응용 분야를 확대하는 자유도까지 보유하게 됩니다.

특허 출원을 공격적이고 전략적으로 하자

전략 특허, 즉 원천특허, 길목특허, 패밀리특허는 전략적 특허 출원Strategic Patent Filing을 해야 합니다. 대부분의 일반특허는 연구개발의 결과를 리뷰하는 과정에서 기존 기술 대비 차별성과 진보성으로 정의되는, 소위 특허성을 발견하게 됩니다. 그리고 이후 해당 결과에 대한 특허명세서 작성과 출원을 통해 지식재산화를 하는 과정을 거칩니다. 당연히 적절한 프로세스라고 생각할 수도 있겠지만 매우 소극적이고 수동적인 방법입니다. 특허의 중요한 목적 중 하나인 방어특허를 출원하는 데 유효한 프로세스입니다.

원천특허를 보유했거나 기존 원천특허의 만료에 따라 전략적으로 길목특허까지 확보했다고 합시다. 그러면 또 다른 길목을 잡을 기술 개발은 물론 필요에 따라서는 이미 확보한 길목 이후에 발생하는 모든 기술에 대해 다량의 패밀리특허 출원을 해야 합니다. 결국 해당 부분은 우리의 기술 영역임을 특허 권리로서 선언하고 다른 기관들이 감히 넘볼 수 없도록 확실히 해두는 것입니다.

제가 공격적이고 전략적으로 특허를 출원했던 매우 적극적인 방법[59]을 소개하겠습니다. 일반적인 특허 출원 프로세스는 먼저 실험을 통해 데이터를 확보한 이후 특허로서 의미가 있다고 판단하면 청구항 도출, 실시예 확보, 명세서 작성의 순서로 진행합니다. 하지만 전략 특허는 이와 다른 순서로 진행합니다.

먼저 어떤 특허를 작성할 것인가에 대한 계획을 수립하고 그에 필요한 청구항 도출을 시작으로 특허 출원 프로세스를 진행합니다. 이어서 도출한 청구항을 구성할 맞춤형 데이터를 미리 설정한 후에 실험으로 검증하여 실제 데이터를 확보합니다. 이후 청구항에 걸맞은 실시예까지 확보하여 명세서 작성과 출원으로 이어지는 공격적인 방법입니다.

이 중 핵심 단계인 청구항 정의, 청구항을 뒷받침할 데이터 설정, 실험 검증 과정은 앞에서 혁신을 위한 연구 방법으로 소개한 계산 – 실험 – 분석의 단계로 진행한다면 특허를 더욱 전략적으로 만들어갈 수 있습니다.

이상 설명한 '전략적 특허 출원'을 위해서 우선 필요한 작업은 특허 트리 작성입니다. 특허 트리에 기반하여 어떠한 특허를 작성할 것인가에 대한 계획 수립과 필요한 청구항 도출을 시작으로 해야 하기 때문입니다.

특허 트리로 지식재산권 포트폴리오를 만들어라

특허 트리Patent Tree는 내가 속한 조직이나 회사가 보유한 특허뿐만 아니라 경쟁 기관을 포함하여 출원된 모든 특허(미국 특허 기준)를 트리상에 표현하는 것입니다. 해당 기술의 득허 현황과 본인 기관의 지식재산권 포트폴리오를 한눈에 볼 수 있도록 구조화하는 것으로 그려낼 수 있습니다. 특허 트리는 기존의 일반적인 연구방법론에서 언급된 적 없는 저만의 축적된 경험으로부터 도출한 지식재산권 경쟁력 강화 방법론으로서 기술 트리를 기반으로 변형한 형태입니다.

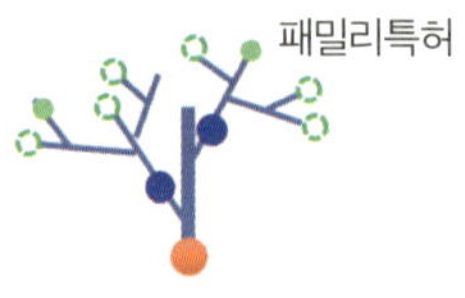

1장에서 설명했던 기술 트리에서 정의한 1~2단계의 기능 전개와 3~5단계의 방법 전개에 기반하여 해당 기술을 구현하기 위한 특허를 정량적, 정성적으로 분석하고 포지셔닝함으로써 완성됩니다. 즉 기술 기반 사업을 추진할 때 필요한 지식재산권 혹은 경쟁 기관 대비 부족한 지식재산권이 무언지 분석하고 그것들이 어느 영역에 있는지 드러나게 하여 원천특허 부재, 길목특허 부족, 혹은 패밀리특허 부실의 형태로 분류함으로써[60] 각각의 경우에 대응하는 특허 전략을 수립할 수 있습니다.

원천특허를 보유하지 못한 경우(원천특허 부재)에는 해당 특허의 매입 혹은 라이선싱은 물론 출원에 과감하게 도전해야 합니다. 원천특허를 보유하고 관련 패밀리특허는 확보했음에도 불구하고 길목특허가 없어 경쟁 기관이 본인 기관의 특허를 사용하는 것을 적극적으로 저지하지 못하는 경우(길목특허 부족)에는 패밀리특허에 기반이 될 수 있는 기술 1~2단계의 길목특허를 전략적으로 출원하거나 필요시 매입 혹은 라이선싱을 추진해야 합니다. 또한 길목특허를 보유하고 있으나 관련 특허군이 빈약하여 특허 분쟁 시 약점으로 작용할 수 있는 경우(패밀리특허 부실)

에는 보유한 길목특허를 기반으로 다양한 청구항의 패밀리특허를 다수 출원하는 전략을 수립해야 합니다.

다음의 표「특허 트리: 인광 도펀트 소재」는 앞에서 예를 들었던 디스플레이용 인광 소재에 대해 2015년에 작성한 특허 트리[60]입니다. 정량적 내용들은 해당 분야가 빠르게 변하는 기술인 만큼 현재에서 볼 때 의미가 없으나 그럼에도 상세한 수치를 제외한 일반적인 내용만을 발췌했습니다. 또한 설명에 표현된 특허 기술들은 공개특허 기준이며 표현된 출원 방향은 10년 전에 설정된 내용들이므로 특허 트리의 구성과 구조에 대한 이해를 목적으로 정리했습니다.

기술 트리상에서 0단계 기술을 인광 도펀트로 정의하고 1단계을 기능 전개에 해당하는 도펀트 소재의 대표 구조로서 CM본드와 비CM본드로 구분했습니다. CM본드가 원천특허로 정의되어 있어서 이를 근간으로 하는 기능과 방법을 하나의 축으로 전개하고 그 외의 물질을 다른 축으로 구성했습니다. 이후 각각에 대해 상세한 조성을 2단계로 정의하고 3~4단계는 2단계의 기능을 구현하는 방법 전개로서 해당 구조 설계, 해당 구조용 소재의 합성 방법, 소재의 성능을 청구항으로 적은 특허들이 표현되어 있습니다. 이렇게 특허 현황을 구조화한 이후 대응 방안을 추가하면 특허 트리가 완성됩니다.

푸른색과 붉은색 별표는 각각 본인 조직과 경쟁 기관의 특허를 표시한 것입니다. 즉 본인 조직이 특허를 보유한 영역은 푸른

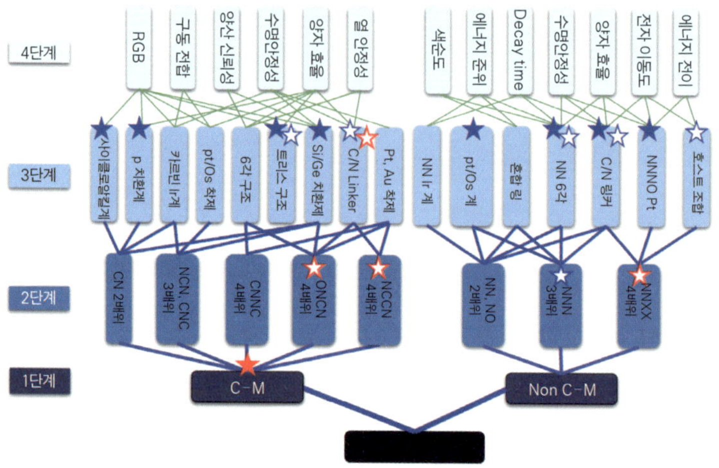

색 솔리드(★)로 표현하고 향후 특허 출원을 적극적으로 추진할 분야는 푸른색 블랭크(☆)로 표현하여 출원 목표를 제시합니다. 특히 길목특허를 보유한 영역에서는 추가적인 길목 확보를 위한 특허 매입(☆)과 함께 집중적으로 패밀리특허 출원 전략을 수립한 것을 알 수 있습니다. 특히 이 특허 트리는 CM본드 원천특허(★)가 강력한 지위를 갖고 있으나 2017년 만료 예정(2010년 작성 당시)인 만큼 2단계에서 길목특허를 확보하는 전략이 매우 의미 있어 보입니다.

특허 트리의 활용을 가장 잘 표현한 또 하나의 예로 리튬이온 전지용 고용량 양극 활물질에 대한 특허 분석과 전략을 소개합니다. 표「특허 트리: 리튬이온전지용 고용량 양극 소재」의 특허 트리 역시 10년 전에 작성한 공개특허 기준의 특허 트리로서 현

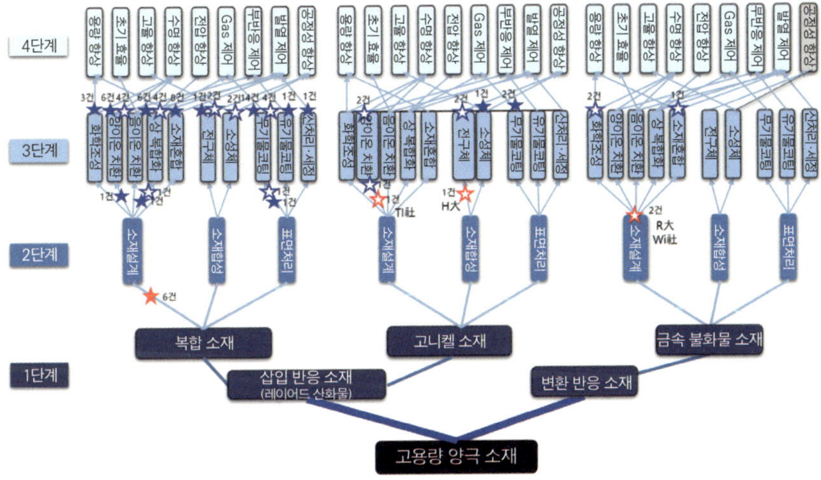

재에서 볼 때 정성적, 정량적 내용은 의미가 없는 만큼 트리의 구성과 구조에 대한 이해를 목적으로 발췌했습니다.

마찬가지로 기술 트리 기반의 0단계 기술은 고용량 양극 소재로 시작하는 1단계은 비교적 구체적으로 분류하여 이온삽입Intercalation 반응 기반의 복합Composite 소재와 고니켈High–Ni 소재, 변환Conversion 반응 기반의 금속 불화물Metal Fluoride 소재로 정의했습니다. 즉 반응 메커니즘과 소재의 구조와 기능을 포함한 분류입니다. 2단계는 1단계 기능 전개를 위한 소재 설계, 합성, 표면 처리로 분류하여 3단계으로 확대했고 각각에 대한 방법 전개로 구체화했습니다. 또한 2~3단계 특허에 대해서는 특허 건수를 정량화하여 구체성을 배가했고 경쟁 기관이 보유한 길목특허에 대해서는 기관명을 표현함으로써 특허 전략을 한눈에 알아볼 수 있도록 구조화한 점이 특징입니다.

표를 보면 거시적으로 바라볼 경우 길목특허를 보유(★)한 기술군(합성 소재 설계 기술)에 대해 적극적으로 패밀리특허를 출원할 계획(☆)이 수립되어 있습니다. 이미 출원된 타 기관의 길목특허(금속 불소 소재 설계 기술)는 매입(☆)을 통해 해당 부분을 보완하는 전략도 포함되어 있습니다.

또한 특허 트리를 기반으로 설정한 전략을 팀원 모두가 이해하는 문구로 정리하여 부서원들과 공유하는 것도 중요합니다. 참고로 '고용량 양극 소재 특허 전략'은 다음과 같이 정리하고 있습니다. "열세 기술인 A 분야는 B 소재의 기본 조성인 C를 라이선싱하여 길목을 확보하고 관련 패밀리특허를 집중적으로 출원한다. 그리고 이미 확보한 기술인 D 분야는 E 조성으로 확대하여 F 분야의 길목특허를 출원한다. 이미 우세를 점하고 있는 G 기술 분야는 H 기술을 접목하여 패밀리특허를 집중적으로 강화한다." 이상과 같이 특허 출원 전략까지 마련하면 특허 트리 작업이 완료됩니다. 다만 전략 부분은 상세한 기술 개발 방안이 포함된 내용이어서 많은 부분을 공개하지 못하고 알파벳으로 대신하여 제한적인 내용으로 설명한 점은 이해하기를 바랍니다.

표 「지식재산권 포트폴리오 강화 전략」은 고용량 양극 소재 특허 트리 기반의 '고용량 양극 소재 특허 전략'을 수행할 개발 부서와 지식재산권 부서의 역할을 정의하여 부서별로 상세한 수행 일정과 방안을 수립하고 동시에 단계별로 지식재산권 현황을 열

지식재산권 포트폴리오 강화 전략[60]

	0000년	0000년+2년	0000년+5년
연구개발 부서	• aa 길목특허 xx건 출원 • bb 패밀리특허 yy건 출원	• cc 합성패밀리특허 xx건 출원	• ee 조성 길목특허 출원 • ee 조성 패밀리특허 출원 • ff 분야 패밀리특허 강화
특허 부서	• bb 조성 길목특허 2건 라이선싱(A사, B대)	• dd 분야 길목특허 yy건 매입	• ee계 추가 핵심 특허 발굴
특허 상태	동등 (AA 핵심 특허 확보) ⇒	우세 (BB 특허 확보) ⇒	우세 (전략적 IP 포트폴리오 확보)

세, 동등, 우세로 표현하는 표 형태로 정리한 지적재산권 포트폴리오 강화 차트입니다.

앞에서 소개한 특허 트리에 기반한 기술 확보 전략이 지난 10년간 지속적으로 추진됐습니다. 지금 이 분야에 대한 특허 트리를 다시 그려본다면 특허 경쟁력이 강화된 지적재산권 포트폴리오IP Portfolio를 보유하게 됐음을 확인할 수 있을 것입니다.

5

지식 충돌은 기술 소통과 창의의 순간이다

생물학자이자 현대 과학의 지성으로 손꼽히는 에드워드 윌슨은 저서 『통섭』의 서문에서 '인간 조건을 이해하는 유일한 길은 모든 방법을 한데 묶는 것뿐'이라며 '지식의 통일'을 강조했습니다.[62] 그가 강조한 자연과학, 사회과학, 인문학, 그리고 과학과 종교 등의 거대한 의미의 지식 통일은 아니더라도 연구개발을 수행 중인 과제 혹은 주변의 과제들, 재료과학·전자공학·컴퓨터공학 등의 엔지니어링 기술과 물리학·화학 등의 과학 기술이 통합될 경우 새로운 기능을 갖는 소재, 부품, 세트를 창출할 수 있을 것입니다. 최근 경쟁력 있는 많은 대학에서 학제 간 연구Interdisciplinary Research를 강조하는 이유이기도 합니다.

이는 앞에서 설명한 창의의 방법 중 마지막 단계인 토론이 중요함을 강조한 것입니다. 'R&D 제대로 하기'를 위한 연구개발자들의 소통을 '기술 소통'이라 부르고자 합니다. 대부분의 기술 회사는 이러한 기술 소통을 위해 다양한 형태의 회의를 계획합니다. 기술 회의, 과제 회의, 기술 세미나, 기술 포럼, 더 나아가서 심포지엄 등이 대표적입니다. 그러나 이러한 회의 형태는 진정한 기술 소통이 이루어지기보다는 한 방향의 지식 이전일 뿐 양방향 소통으로 이어지기는 매우 어렵습니다. 참석하는 인력의 숫자만 다를 뿐 기술을 전달하는 자와 받는 자로 구분된 형태이기 때문입니다.

기술 회의나 과제 회의는 1:10, 기술 세미나는 1:50, 기술 포럼은 1:100, 심포지엄은 1:500의 형태로 발표자와 수강자로 그 모습이 구분됩니다. 일부 질의응답이 있다고 해도 이는 본인의 궁금증을 물어보거나 나도 안다는 과시가 대부분입니다. 때로는 지시 혹은 지적을 위한 회의로 변질되기 쉽습니다. 창의가 가능한 토론이 아님은 당연할 것입니다.

모른다고 할 때 지식 충돌의 순간이 시작된다

제가 추구하던 창의와 혁신을 위한 기술 소통의 방법으로 '지식 충돌Clash of Knowledge의 장'을 소개합니다. 사실 이 방법은 제가

직접 고안했다기보다는 박사 후 연구원으로 일했던 미국 대학의 자연스러운 일상의 풍경을 발전시킨 것입니다.

매일 오후 3시가 되면 대학 연구실의 대학원생들과 교수들이 금방 내린 커피가 준비된 빈 강의실로 하나둘 모여듭니다. 책상과 의자는 없고 벽면에 대형 칠판 몇 개와 커피 테이블만 있는 공간입니다. 이 장소는 우연히도 재료공학과의 금속공학, 고분자공학, 세라믹공학 부문은 물론 화학과 건물의 중심에 있었고 지하에는 고도 분석 장비가 모두 모여 있었습니다. 각자 가져온 머그잔에 커피를 담아 마시면서 담소를 나누다 보면 근처에 있던 다른 사람과 진행 중인 연구 혹은 실험 이야기를 나누게 마련입니다. 그러면 상세한 설명을 위해 칠판 앞으로 가서 실험 장치와 데이터 등을 그리게 되고 사람들이 하나둘 대화에 참여하기 위해 모여듭니다.

이때부터는 그 누구도 가르치거나 지적하거나 듣기만 하지 않고 자유롭게 토론합니다. 즉 지식의 공유가 일어납니다. 토론하는 분들을 자세히 살펴보면 같은 학과 교수와 대학원생들은 물론 다른 학과 교수와 대학원생들도 포함되어 있습니다. 간신히 끼어들어 한마디 말씀하는 백발의 교수님은 노벨화학상을 탄 분입니다. 이 현장에서는 함께 연구하는 협력자들은 물론 본인이 속한 그룹이 아니라 다른 과 학생과 교수들도 각자의 경험과 지식을 기반으로 계급장 떼고 토론합니다. 그 결과 서로 다른 전공의 연구개발자들이 함께 수행할 새로운 과제들이 도출되고 때로는 즉석에서 실험 수행을 위한 드림팀이 구성되기도 합니다.

이 과정에서 가장 중요한 것은 토론에 참여한 사람 중 그 누구도 주도하는 자와 방어하는 자가 없고 지식이 한 방향으로 흐르지 않고 양방향으로 오간다는 점입니다. 더 중요한 것은 토론 중에 때로는 '나도 모르고 상대방도 몰랐던 새로운 사실을 함께 알아내게 된다.'는 점입니다. '지식 충돌'이 일어나는 것입니다. 창의가 발현되는 순간입니다.

화이트보드 앞에서 자유롭게 토론하자

토론에 서툰 우리 연구개발자들이 기술 소통을 하도록 의도적으로 위와 같은 풍경이 되도록 분위기를 만들었습니다. 규모가 있는 홀에 커피와 간식이 준비된 테이블과 화이트보드 3~4개를 배치합니다. 사람들이 모이면 혼자 풀지 못하던 기술 주제의 솔

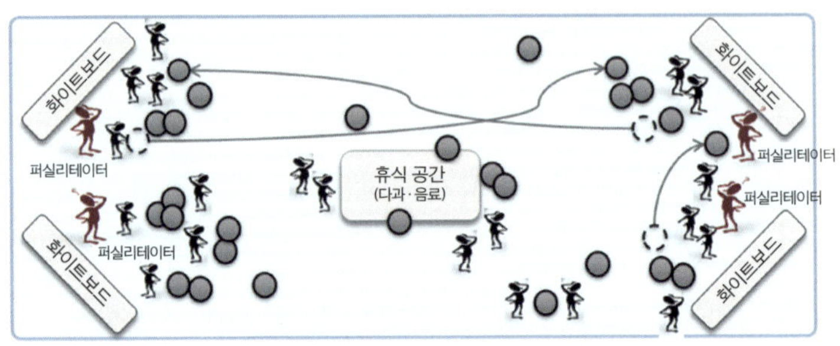

루션을 갈구하는 연구원이 화이트보드 앞에서 발제하도록 합니다. 참석한 모든 연구원이 주제별로 화이트보드 주변을 돌아다니면서 기술 이슈가 무언지 설명을 들어본 후 본인의 경험과 지식을 바탕으로 참견하고 또 다른 영역의 경험자가 질문을 던지는 등 자연스럽게 토론으로 이어가는 것입니다.

학회장의 포스터 발표와 비슷한 분위기입니다. 하지만 단순한 1:10, 1:20의 발표가 아니라 신입 사원부터 임원까지 계급장 떼고 누구나 참여하여 본인의 생각을 이야기함으로써 발제한 연구원과 토론에 참여한 연구원 모두 몰랐던 새로운 발상을 하게 되는 현장입니다. 저는 기술 소통에 의한 지식 충돌의 장을 '테크 카페Tech Café'라 명명했습니다.

부서 간 기술 이슈를 공유하고 집단지성의 양방향 토론이 일어나는 테크 카페를 새로운 아이디어의 발생과 도전이 시작되는 창의의 현장으로 활용해보길 바랍니다.

4장

열정

: 끝까지 제대로 몰입하게 한다

1

더욱 열정적으로 일하게 한다

"그 일을 왜 하고 있습니까?"[64]

제가 연구개발 조직의 부서원들에게 던진 질문입니다. 공학을 공부하고 기술력을 보유한 연구개발자들이 일하는 방법을 어떻게 하면 좀 더 의미 있고 효율적으로 할 수 있을지 고민하다 보니 묻게 됐습니다. 부서원들의 개인별 업무 수행 목적, 더 나아가서는 일에 임하는 자세를 분석할 수 있었습니다. 물론 저 스스로도 끊임없이 자문하고 있습니다.

질문에 대한 대답은 다섯 가지 유형으로 분류됩니다. ①사명으로, ②열정으로, ③시키니까, ④그냥, ⑤하다 보니. 이를 일하는 방법으로 표현하면 각각 '리더형' '추진형' '추종형' '안주형' '딴

25%	33%	28%	5%	9%
리더형	추진형	추종형	안주형	딴 데서 열심히형
기술 보유	기술 보유	기술 이해	기술 부족	기술 보유
목표 설정	목표 설정	목표 이해	목표 불신	목표 불명
전략 도출	의지 충천	의지 부족	의지 상실	의지 충만
책임 완성	고민 백배	나름 완성	수준 만족	관리 부재
상호 조율	책임 완성			
"사명으로"	"열정으로"	"시키니까"	"그냥"	"하다 보니"

데서 열심히'가 됩니다. 기술회사는 물론 공과대학 내 대학원의 실험실 단위에서도 동일하게 적용됩니다. 참고로 이러한 구분은 최근 MZ 세대 연구원들이 추구하는 방향과는 사뭇 다를 수도 있겠으나 일하는 목적은 궁극적으로 동일하리라 생각합니다.

추진형과 리더형은 일하는 방법을 갖고 있다

부서원이 10여 명이든, 100여 명이든, 혹은 500명 이상 큰 조직이든 규모와 관계없이 가장 많은 대답은 '열정으로'입니다. 열정인 사람은 수행하는 업무 기술을 보유하고 있고 목표가 잘 정의되어 있으며 의지가 충천하여 일에 대한 고민에 누구보다도 많은 시간을 보냅니다. 당연히 책임을 지고 업무를 완성합니다. 그들은 부서원 전체의 3분의 1에 해당하며 '추진형'으로 정의했습니다.

'사명으로' 업무를 수행하는 연구원은 전체의 4분의 1가량 됩니다. 이들은 '리더형'으로 정의했습니다. 열정으로 일하는 '추진형'과 동일하게 기술을 보유하고 있고 정확한 목표를 설정하여 책임 있게 완성합니다. 이에 더하여 전략을 도출하고 주변 부서와 업무를 조율합니다.

추진형과 리더형, 즉 열정과 사명으로 일하는 연구개발자들은 글로벌 기술회사의 구성원으로서 경쟁력 있게 '일하는 방법A Way of Working'을 보유했다고 생각합니다. 조직 규모와 관계없이 통계적으로 전체 인력의 50% 이상이 항상 이에 해당하고 있음은 다행일 수도 있겠습니다.

또 다른 3분의 1은 '왜 그 일을 하는가?'라는 질문에 '시키니까' 혹은 '그냥'이라고 답합니다. 여기에 해당하는 연구원들은 기술 이해가 어느 정도에 그치거나 부족합니다. 그리고 목표를 이해하지 못하거나 아예 목표를 불신하기도 합니다. 당연히 업무 수행에 대한 의지 부족과 상실로 나타납니다. 업무 수행 면에서 보면 '시키니까'(전체의 28%) 유형은 결과적으로 나름의 목표를 완성합니다. 하지만 '그냥'(전체의 5%) 유형은 별다른 목적 없이 연구개발을 수행하는 만큼 항상 본인의 수준에 만족합니다. 이들은 각각 '추종형'과 '안주형'으로 정의했습니다.

딴 데서 열심히형에서도 혁신이 일어나게 한다

이에 더하여 마지막 10%로 분류되는 연구원들은 '왜 그 일을 하는가?'라는 질문에 '하다 보니'라고 답을 합니다. 기술을 보유한 능력자로서 목표는 불분명해도 의지는 매우 충만합니다. 즉 업무 시작 초기에는 정확한 목적을 갖고 시작했으나 자기도 모르는 사이에 너무 깊이 파고 들어가서 스스로 내가 어디에 있는지, 왜 이 일을 하는지 업무 목표를 상실한 채 헤어나지 못하는 경우입니다. 리더의 관리 부재로 인한 현상으로도 보이나 소위 기술 회사 연구개발 인력의 10% 정도는 정확한 관리가 되는 수준에서 '딴 데서 열심히' 하는 연구원이 필요하다고 판단합니다. 어쩌면 진정한 창의와 혁신을 할 수 있는 연구원일 것입니다.

"내 일을 사랑하는가를 판단하는 가장 쉬운 방법은 월요일과 금요일 중 어느 날이 더 좋은가를 자문하는 것. 헤럴드를 인수한 지 11년, 나는 여전히 월요일 새벽마다 기대와 설렘에 잠을 설친다."[65]

언론사 사장과 국회의원을 역임한 이후 현재 기업을 경영 중인 홍정욱 사장이 언론사를 경영하던 시절 SNS에 올렸던 글입니다. 열정을 잘 설명한 글로서 리더형과 추진형의 일에 대한 감정을 잘 표현했습니다. 본인과 본인 조직의 구성원들이 '열정과 사명으로' 일할 수 있도록 관리하고 또한 '딴 데서 열심히'도 유심히 살펴 의미 있는 혁신이 일어나도록 유도하기를 바랍니다. 그리고 '시키니까' 혹은 '그냥' 일하는 구성원들은 지속적인 관리와 멘토링을 통해 추진형으로 끌어올리도록 해야 할 것입니다.

2

목적과 이유를 알면 열정을 발휘한다

　일론 머스크는 여러 언론과의 인터뷰에서 여섯 가지의 성공 비법[66]을 소개했습니다. 첫째, 돈이 중요한 것이 아니다. 둘째, 열정을 좇아라. 셋째, 목표를 크게 가지는 것을 두려워하지 말라. 넷째, 모험할 준비를 하라. 다섯째, 비판을 무시하라. 여섯째, 즐겨라. 특히 그는 '남들보다 두 배 일한다.'는 점을 언급하며 '열정'을 최우선으로 강조합니다. 이는 단순히 시간을 많이 투자하는 것이 아니라 자기 사업에 몰입하고 헌신한다는 의미일 것입니다. 또한 앞에서 예를 들었던 홍정욱 사장의 열정에 관한 멘트와 동일하게 '사람들은 목표가 무엇인지와 그 의미를 알게 되면 더 잘하게 되고 아침에 회사에 나가 일하기를 고대하고 또한 즐겁게 일하게 된다.'고 이야기합니다. 열정으로 일하는 추진형에 해당하는 일론 머스크는 업무의 목적과 이유를 정확히 알면 열정이 발휘된다고 강조합니다.

절대 포기하지 않는 열정이 중요하다

'안다 12단계'의 끝판왕인 구루들은 열정을 어떻게 정의하고 실행했을까요? 대표적인 네 명의 구루를 예를 들어 설명하겠습니다.

먼저 유교의 시조로서 고대 중국의 정치가이자 사상가인 공자입니다. 『논어』를 통해 "불분불계不憤不啓, 불비불발不悱不發, 거일우擧一隅, 불이삼우반不以三隅反, 즉불부야則不復也."라는 어록[67]이 전해집니다. '노력하지 않으면 가르쳐주지 말고, 말하려 하지 않으면 깨우쳐주지 말고, 한 모서리를 알려주었는데 나머지 세 모서리를 찾으려 하지 않으면 다시 가르치지 말라.'라는 뜻입니다. 실력이 있더라도 열정이 없으면 제자로 인정하지 않겠다는 강한 의지로 해석합니다.

강희제는 청나라 4대 황제로서 가장 오랜 기간 재임하며 소위 '강건성세康乾盛世'의 초석을 다진 인물입니다. 그가 비범한 개인적 영향력을 발휘함에 열정이 얼마나 중요했는지에 대하여 '61년간 날마다 오늘이 끝일지도 모른다는 각오로 통치'했다고 말합니다.

그가 좌우명을 '신기미愼機微하여 국궁진력鞠躬盡力하라.'[68]라고 한 것으로 유명합니다. 마음속 사소한 잡념들을 제거하고 스스로를 단속하면서 몸을 굽혀 온 힘을 다한다는 뜻입니다. 항상 위기의식을 갖고 열정으로 나라를 살핌으로써 창의적인 정책을 구현하지 않았을까 합니다.

삼성을 창업한 이병철 전 회장은 '인재제일人材第一'을 최고 경영철학으로 여긴 것으로 유명합니다. 특히 '탁월한 소양을 갖춘 인물을 등용한다. 이러한 인물은 행동력이 뒷받침되면 반드시 성공한다.'[69]는 신념으로 실력과 열정을 강조하는 인재경영을 펼쳤습니다.

또한 앞에서 열정의 대표 주자로 예를 들었던 일론 머스크도 "나는 창업을 위해 회사를 만드는 것이 아니라 일을 처리하기 위해 회사를 만든다."라고 했습니다. 즉 회사는 열정을 강요하는 목적이 아니라 열정에 의한 결과입니다.

구루의 열정[70]

공자	강희제 (중국 청나라 황제)
노력하지 않으면 가르쳐주지 말고, 말하려 하지 않으면 깨우쳐주지 말고, 한 모서리를 알려주었는데 나머지 세 모서리를 찾으려 하지 않으면 다시 가르치지 말라.	신기미愼機微하여 국궁진력鞠躬盡力하라.
이병철 (삼성 창업 회장)	**일론 머스크 (테슬라 CEO)**
탁월한 소양을 갖춘 인물을 등용한다. 이러한 인물에게 활발한 행동력이 뒷받침되면 반드시 성공한다.	나는 창업을 위해 회사를 만드는 것이 아니라 일을 처리하기 위해 회사를 만든다.

연구개발의 열정을 향한 최우선의 법칙[25]

애정	사명	확신
기술에 대한 진한 애정	포기하지 않겠다는 사명	과거에 대한 자기 확신

끝까지

논리적 이해가 될 때까지 다양한 실험을 반복하여 탐구함

나중에 해결되거나 제3자가 대신 풀어주는 문제는 없음	모든 문제는 현장에서 종결하고 다음 단계로 이동

창의와 혁신을 위한 연구개발 현장에서 지켜야 할 작지만 강한 큰 규칙

이 네 명의 구루의 열정뿐만 아니라 제가 경험하고 실행하고자 했던 연구개발 현장에서의 열정도 소개합니다. 연구개발자들에게는 각자가 수행하는 기술적 도전과 과제에 대한 진한 애정, 절대 포기하지 않겠다는 열정, 업무에 대한 자기 확신이 중요합니다. 애매한 부분이나 설명이 안 되는 데이터가 발생하면 강한 의지를 갖고 공학적으로 또 논리적으로 이해될 때까지 실험을 반복하고 깊이 탐구하기를 바랍니다.

나중에 해결되거나 제삼자가 대신 풀어주는 문제는 없습니다. 현장에서 모든 이슈를 종결하고 다음 딘게로 넘어기는 마인드가 필요합니다. 사실 이는 매우 작은 행동 규칙이기는 하지만 열정의 최선단 규칙입니다. 이렇게 작지만 일상에서 일하는 방법으로부터 커다란 발견을 할 수 있고 진정한 창의와 혁신의 성과를 창출할 수 있을 것입니다.

사자든 가젤이든 해가 뜨면 달려야 한다

미야모토 무사시宮本武蔵는 일본 에도시대 초기에 단 한 번도 대결에서 패하지 않고 최고의 경지에 오른 검술가로 알려져 있습니다. 그가 자신의 검술 체계를 정리한 병법 35개 조[71]에서 '빗의 가르침'을 설명했습니다. '마음속의 빗을 가져라. 머리카락이 엉켜 있으면 빗질하기가 어렵지만 어떻게든 그것을 정리해야만 한다. 목표에 대한 불확실한 부분을 남기지 말라.'라고 말입니다. 물론 검호劍豪의 병법에 관한 내용입니다. 하지만 연구개발에서도 이해가 안 되거나 설명이 안 되는 부분을 남기고 다음 단계로 넘어가지 말고 끝까지 파고드는 열정이 중요하다는 점에서 동일한 가르침으로 생각합니다.

'열정'은 위기의식으로부터 시작된 창의와 일맥상통합니다. 제가 기술회사에서 연구개발을 수행할 때 위기의식과 창의가 열정으로 연결되어 혁신을 창출한 경우가 수없이 많았습니다. 그러한 과정 중에는 최고경영자가 직접 개발 현장의 리더와 연구원들과 함께 고민하고 실행한 사례가 있었습니다. 기술과 경영의 구루이자 상사였던 김기남 회장(삼성전자 상임고문, 전 삼성전자종합기술원 회장, 전 한국공학한림원 회장)의 연구개발에 대한 열정에 대해서는 그분의 어록[9]을 그대로 적어 연구개발 현장의 열정적인 분위기를 전달하고자 합니다.

가젤과 사자의 열정[73]

'혼과 열정을 넣어 연구하라.' '한 단계 더 깊이 들여다보면 많은 지식이 쌓이고 끝까지 갈 수 있다.' '이론의 한계를 넘는 현상을 발견할 수도 있겠다는 의지로 연구하라.' '지식이 모자라거나 실수는 있을 수도 있으나 일하는 방법이 틀리거나 연구에 임하는 마인드가 무너지면 안 된다.' '본인이 수행하는 기술의 끝이 무엇인지 고민해야 한다.' '목표 설정은 명확해야 하고 일단 설정한 이후에는 전력투구해야 한다.' '가난한 집 장남처럼 헌신, 몰입, 희생이 필요하다.' '빨리, 제대로, 끝까지'

호아킴 데 파사다가 저서 『마시멜로 이야기』[72]에서 열정의 현장인 아프리카의 아침을 표현한 것을 인용하고자 합니다.

"아프리카에서는 매일 아침 가젤이 잠에서 깬다. 가젤은 가장 빠른 사자보다 더 빨리 달리지 않으면 죽는다는 사실을 알고 있다. 아프리카에서는 매일 아침 사자가 잠에서 깬다. 사자는 가젤을 앞지르지 못하면 굶어 죽는다는 사실을 알고 있다. 네가 사자이든, 가젤이든 상관없다. 해가 떠오르면 달려야 한다."

기술회사에서 세계 최초를 추구하는 열정적인 연구개발자들

의 모습이 아닐까 합니다. 가젤과 사자의 생존을 위한 경주를 연
구개발의 가치와 성과를 지향하는 열정에 의도적으로 비교한 내
용인 만큼 너무 처절한 모습으로 여기지는 말기 바랍니다.

5장

리더십: 제대로 R&D를 이끈다

1

리더에게는 제대로 R&D 역량이 필요하다

르네상스 시대에 이탈리아의 사상가이자 정치가 니콜로 마키아벨리는 오늘날까지도 가장 대표적인 리더의 지침서로 알려진 『군주론』[74]의 저자입니다. 사실 책이라기보다는 군주에게 보내는 편지 형태의 제안서입니다. 그는 책에서 지도자의 성공을 위해 '사자의 용맹과 여우의 지혜'를 강조했습니다. 이러한 메시지는 사자의 잔인함과 여우의 교활함으로도 해석이 가능하기에 당시 교황청에서 금서로 지정할 정도로 수단과 방법을 가리지 않는 사고를 담은 책으로도 유명합니다. 그만큼 혁신적인 리더십에 대한 촌철살인의 조언을 담은 저서입니다.

마키아벨리의 저서 『군주론』의 정치적인 의미는 차치하고도

『군주론』의 저자 마키아벨리[75]

기술회사의 경영자는 물론 공학 기반의 연구개발 리더들도 배워야 할 내용들을 포함하고 있습니다. 그는 책에서 지도자가 갖추어야 할 덕목으로 "운Fortuna보다는 탁월함Virtu, 즉 능력을 반드시 갖춰야 한다."[74]라고 주장하면서 상대보다 생각이 앞서야 기회를 인식하고 포착할 수 있으며 싸움에서 승리할 수 있다고 설명합니다. 또한 최대한 세밀하게 세운 계획이 예기치 못한 상태로 전복될 수도 있는 상황에서도 능력을 갖춘 지도자는 가능성을 찾아 기회로 바뀌는 때를 인식하고 경쟁자보다 더 빨리 반응할 수 있음을 강조합니다. 이는 사업 기회 발굴, 경쟁 우위 전략 수립과 실행을 통해 기술 경쟁에서 앞서 나아가야 하는 기술회사 연구개발 리더에게 해당하는 역량일 것입니다.

흔히들 성공의 조건으로 '운칠기삼運七技三'을 이야기합니다. 이를 『군주론』의 언어로 풀어본다면 '운 70 탁월함 30'일 것입니다. 기술의 중요성을 강조하는 이들은 기칠운삼技七運三, 즉 탁월함 70 운 30으로 변형하여 언급하기도 합니다. 마키아벨리는 탁월함이 없는 운은 단기간의 성공은 있으나 대부분 패망의 길로 접어들었음을 로마 시대는 물론 이탈리아를 중심으로 한 르네상스 시대 서유럽의 많은 군주를 예로 설명했습니다. 기술이 최우선(탁월함 100)임을 역사적으로 증명한 것이 아닌가 싶은데 기술을 보유한 능력자만이 성공을 경험하고 지속적인 경쟁 우위를 유지할 수 있음을 강조한 것입니다.

르네상스 시대의 정치학자가 설파한 『군주론』에 'R&D 제대로 하기'의 리더십을 연계하는 것은 무리일 것입니다. 그러나 제가 32년간 연구개발 현장에서 경험한 바를 체계화하는 과정에서 군주가 가져야 할 '강력한 탁월함을 근간으로 하는 사자의 용맹과 여우의 지혜'를 연구개발 리더의 입장에서 해석해 보았습니다. 'R&D 제대로 하기'를 위한 연구개발 리더의 역량은 해당 기술 분야에 대한 탁월한 지식이 근간임을 우선으로 하여 아우디, 애플, GE, 테슬라, 삼성 등 현재 시점에서 리더의 역량을 특히 강조하는 글로벌 기업들이 추구하는 리더십을 고찰했습니다. 또한 이에 더하여 '안다 12단계' 지식을 소유한 기술경영 구루의 가르침까지 연계하여 연구개발 리더의 4대 역량을 '전략 수립 – 구조화 – 실행 – 소통'[76]으로 정의했습니다. 이를 연구개발 현장에서의 사례들을 중심으로 소개합니다.

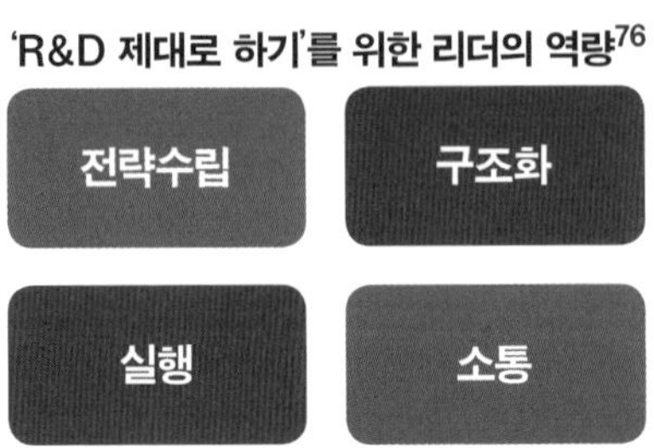

기술과 통찰을 아우르는 전략을 수립해야 한다

리더십은 조직의 목적을 달성하기 위해 구성원을 일정한 방향으로 이끌어 성과를 창출하는 능력입니다. 따라서 리더가 수행해야 할 가장 첫 번째 덕목은 구성원과 함께 도전 목표를 정하고 실행을 통한 달성 방법을 도출하는 전략 수립입니다. 이는 거대한 목표를 달성할 때 구성원들이 함께 공헌할 방법을 만들어내는 것입니다. 이때 리더의 역량은 본인과 본인이 소속된 조직은 물론 다른 개인과 팀 또는 전체 조직을 주도하거나 영향을 미치는 능력을 포함합니다.

전략 수립의 방법은 단계별 순서에는 차이가 있겠으나 글로벌 경영 컨설팅 회사인 아서 디 리틀이 『제3세대 R&D, 그 이후』[77]를 통해 프로세스로 정의한 '기술 니즈 도출 – 기술 분해 및 기술 구성도 작성 – 기술 평가 – 기술 로드맵 작성 – 기술 획득 방안 수립' 과정을 참조할 수도 있겠습니다. 이를 3단계로 묶으면 'R&D 제대로 하기'에서 설명하는 목표 설정, 기술 트리, 기술 로드맵에

아서 디 리틀의 기술 전략 구축 프로세스[77]

기술 전략 수립 프로세스				
기술 니즈 도출	기술 분해 및 기술 구성도 작성	기술 평가	기술 로드맵 작성	기술 획득 방안 수립

해당합니다.

전략 수립 역량을 강조하는 혁신의 아이콘 애플은 리더에게 필요한 역량으로 '최고의 전문성Deep Expertise – 세부 사항에 대한 몰입Immersion in the Details – 협조적 토론Collaboratively Debate'[78]을 말합니다. 애플은 그중에서 가장 우선으로 '최고의 전문성'을 요구하고 있습니다. 리더에게는 해당 기술 분야에서 최고의 전문성으로 기술은 물론 사업을 예측하고 조직원 모두가 따라올 수 있는 목표 설정과 달성 전략 도출의 역량이 필요하기 때문입니다. 이는 앞에서 설명한 탁월함에 해당하는 내용입니다.

애플이 요구하는 리더의 역량[78]

최고의 전문성 Deep Expertise	세부 사항에 대한 몰입 Immersion in the Details	협조적 토론 Collaboratively Debate

애플은 조직을 리더급의 최고 전문가 집단으로 구성하여 내부 전문가들이 토론하며 전략을 도출하는 것을 우선으로 합니다. 그러면서도 외부 최고 전문가들과 지적 교류를 통해 경쟁력 있는 기술을 확보하는 방안을 마련해가는 과정도 강조하고 있습니다. 이렇듯 애플은 일반적인 경영자가 전문가를 감독하는 회

사가 아니라 전문가가 전문가를 이끄는 회사입니다. 전문가들이 수립한 전략대로 실행함으로써 운영되고 있습니다.

테슬라는 실리콘밸리의 스타트업으로 시작한 회사답게 '소유자처럼 생각하기Think Like Owners'[79]를 리더십의 첫째 덕목으로 설정했습니다. 그리고 리더들이 스스로 회사의 소유자 입장에서 고민하여 전략을 수립할 것을 요구합니다. 전략가로 정의되는 리더에게 개발은 물론 사업을 지지하는 마음가짐을 유지하되 주인처럼 계획하고 행동하도록 강조하는 것입니다. 이를 위해서 리더는 스스로 업무와 사업의 전반적인 성과에 책임진다는 마인드셋이 중요할 것입니다.

GE는 리더의 전략 수립에 관한 역량으로 '에너지Energy'[80]를 강조합니다. 특히 잭 웰치 전 회장은 리더들에게 '당신은 어느 정도의 에너지를 보여주나요? 회사에서 에너지를 평가할 때 높은 체력 그리고 행복과 임무에 대한 열정의 증거를 찾으십시오.'라고 지속적인 추진력을 강하게 요구한 것으로 유명합니다.

삼성은 리더로서 필요한 역량 중 가장 첫 번째로 '지知'[1]를 강조합니다. 이 또한 『군주론』에서 언급한 리더의 탁월한 역량의 근간인 지식을 의미합니다. 3장에서 설명한 '앎'과 연계한다면 리더가 본인의 안다 수준을 12단계까지 끌어올림으로써 기술의 미래를 예측하고 기술 로드맵을 수립하여 조직원을 인도하고 사업 기회의 적기를 포착함으로써 시장을 장악하는 '전략 수립'의 리더십일 것입니다.

또한 리더의 전략적 역량을 극한으로 요구하는 이건희 전 삼성 회장은 2000년 4월에 "리더로서 제일 어려운 것은 무엇을 해야 하고 무엇을 하지 말아야 하는가를 아는 것이며 그 전에 더 어려운 것은 리더 스스로 자기는 바로 가고 있는가를 아는 것이다."[1]라는 말을 남겼습니다. 따라서 리더는 삼성의 「지행30훈」[1]에서 언급된 '우리는 지금 어디에 있고, 어디로 가고 있고, 제대로 가고 있는가?'라는 질문에 자각하여 본인과 본인 조직의 현 위치를 파악하는 것이 전략 수립의 최우선 단계입니다.

전략의 질서를 만드는 구조화가 필요하다

제가 리더들에게 가장 많이 요구하는 실행 역량은 문제를 '구조화Structuring'하는 능력입니다. 리더가 스스로 문제들을 구조화해야만 어려운 과제의 수행 전략을 도출할 수 있고 실제 과제를 수행해야 할 조직원들을 명확한 방향과 논리적 전술을 통해 이해시킬 수 있습니다.

난해한 기술, 특히 상반된 두 가지 목표의 동시 달성을 필요로 하는 이슈에 관한 토론을 하다 보면 해당 분야의 나름 전문가인 여러 부서원의 주장이 각각 추구하는 바가 무언지, 수립해 놓은 기술 로드맵의 어디에 해당하는지, 해당 제품의 고객은 누구인지, 우선순위가 어떻게 되는지가 정리되지 않은 상태에서 난상 토론이 되는 경우가 있습니다. 이러한 상황은 반드시 리더가 '구조화'를 통해 종합적으로 정리해야 합니다.

최근에 있었던 부서 내 토론의 현장을 예로 들어보겠습니다. 리튬이온전지의 경쟁력 강화를 위해 반드시 필요한 에너지밀도ED와 급속충전FC이라는 두 마리 토끼를 잡아야 하는 난제에 대해 다양한 목표와 전술을 논의했습니다. 상당한 수준의 전문 지식을 보유한 부서원은 에너지밀도를 유지한 상태로 급속충전 시간을 과감하게 단축시키는 과제의 수행을 주장했습니다. 토론에 참여한 다른 경력자는 현실적인 아이디어로 에너지밀도를 일부 손해 보면서 급속충전 시간을 획기적으로 줄이는 방안을 강조했습니다. 또 다른 전문가는 개발에 시간이 걸리더라도 점진적으로 두 가지 특성을 모두 개선하는 방안을 주장했습니다. 함께 참석한 마케팅 부서원은 경쟁사 현황과 우리 회사 로드맵을 비교하며 도전적인 성능 확보와 개발 일정 단축을 강조하면서도 만약 그게 어렵다면 충전 시간과 에너지밀도를 모두 포기하고 우선 획기적인 가격 저감을 목표로 제시했습니다.

회의에 참여한 모든 조직원이 각각 전문적이고도 의미 있는 목표들을 제시했습니다. 그러나 마라톤 회의를 거치는 과정에서 이슈와 계획을 늘어놓기만 하고 어떠한 기술을 어떠한 순서로 개발하고 어디를 타깃팅해야 할지 결정하지 못하는 순간에 이르게 됩니다.

이때 리더는 회의 중 실시간으로 하나의 그래프 혹은 테이블

로 설명할 수 있는 '논리Logic'를 찾아내어 제안된 기술의 과제화를 통한 실행 여부와 개발 순서를 정하고 역할을 결정하는 역량을 발휘해야 합니다. 토론에 참여한 부서원 모두가 한눈에 이해할 수 있는 수준으로 이슈와 전략은 물론 목표를 '구조화'해야 합니다.

저는 에너지밀도 대 급속충전 회의 현장에서 리더의 입장으로 이해한 바를 화이트보드에 구조화하며 정리했습니다. 기술을 Platform(플랫폼), Task(태스크), Challenge(챌린지), Not Valid(무효) 네 가지로 구분했습니다. 플랫폼은 반드시 지켜야 할 기술, 태스크는 별도로 추진해야 할 기술, 챌린지는 강하게 도전해야 할 기술, 무효는 시장에서 가치가 부족한 기술입니다. 그리고 각 과제가 기술 로드맵상 어디에 해당하는지 명기하여 연구개발의

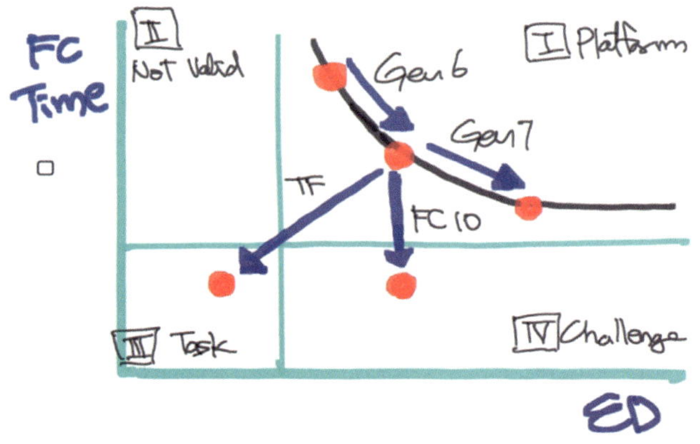

토론 구조화 예시(리튬이온전지의 급속충전과 에너지밀도 문제)[82]

목적을 부여함으로써 과제 계획을 명확하고 객관적으로 도출하도록 이끌었습니다. 이를 통해 전략을 수립하고 공유하면 이미 분석해둔 기술 트리에 기반하여 각 과제에 대한 기술 확보 방안을 구체화함은 당연한 일입니다.

리더에게 '구조화'의 역량을 강조하는 회사로는 아우디가 대표적입니다. 아우디가 추구하는 일하는 방법의 중 하나인 '혁신'에는 4단계의 리더십이 작동하고 있습니다. '발굴Finden(Find) - 결합 Binden(Bind) - 확보Schützen(Secure) - 활용Nutzen(Secure)[83]'으로 특히 '결합' 역량을 더욱 강조합니다. 기술 문제를 발견하는 즉시 복잡하게 연결된 문제들을 결합, 통합, 변형함으로써 해결의 실마리를 찾아가는 과정으로서 리더가 주도하여 추진해야 합니다. 3장에서 설명한 '창의' 방법에 해당하는 내용이기도 합니다.

테슬라는 리더의 역량으로 '기본 원리로 추론하기Reasoning from

First Principle[84]를 강조합니다. 문제에 대하여 비슷한 사례를 들어 비유Making Analogies하여 이해하려 하지 말고 해당 이슈를 해결하기 위한 근본 요인을 파악할 것과 그러기 위해 제1원리First Principle(Ab Initio)를 사용할 것을 요구합니다. 즉 다른 경험적 수량을 사용하지 말고 이론적 계산을 통해 있는 그대로 문제를 바라보고 이슈들을 구조화하여 직시하는 역량입니다.

또한 GE는 '리더가 조직의 갈등에 효과적으로 대처하고 어려운 결정을 내릴 수 있는 우위의 지위를 갖고 있는가?'라는 질문을 던지면서 리더의 또 다른 역량으로 '결단Edge'[85]을 요구합니다. 이는 문제를 인식하고 해석(구조화)하여 해결책을 도출함으로써 의사결정을 내리는 리더의 능력을 말합니다.

애플도 리더의 구조화 역량과 관련하여 '세부 사항에 대한 몰입'[86]을 강조합니다. 리더는 조직이 세부 사항을 큰 그림의 수준으로 알아야 합니다. 따라서 리더의 필수 역량으로 신속하고 효과적인 범기능적 의사결정을 위한 '구조적 이해력'을 내세웁니다. 특히 리더가 조직 내 세부 사항을 이해하지 못하면 제품 개발과 출시가 지연됩니다. 예컨대 모서리에 곡선을 도입하는 디자인 토론 과정에서 리더가 애플이 추구하는 제품의 둥근 모서리의 정확한 모양이 '수직인 면들을 연결하기 위한 원의 호'임을 망각하고 '원형에 수직인 면이 연결'된 수준으로 결정하여 설계, 제조, 출시가 지연된[86] 적이 있습니다. 그래서 애플은 리더들에게 세부 사항에 몰입하여 이슈를 정확하고 명확하게 구조화할 것을 요구합니다.

삼성이 강조하는 리더의 역량 중 '용用'[1] 역시 이러한 과정으로 구조화된 전략에 전술을 실행할 최적의 인력을 적재적소에 배치하여 역할을 부여하는 것입니다. 다음에 강조할 세 번째 역량인 '실행'과 자연스럽게 연결되는 역량입니다.

'R&D 제대로 하기'가 강조하는 '구조화'의 방법으로는 '경쟁 비교 지표'를 예로 들 수 있는데 이는 5장 후반부에서 설명하겠습니다.

전략을 현실로 잇는 마지막 고리는 실행이다

동서양을 막론하고 실행을 강조합니다. '관주위보貫珠爲寶(구슬이 서 말이어도 꿰어야 보배)' '최종 모양을 완성하기 전까지는 완성된 것이 없다Nothing is complete unless you put it in final shape.'라는 표현이 있습니다. 연구개발에서도 아무리 경쟁력 있는 목표와 전략을 수립했다고 하더라도 정확하고 강한 실행Execute이 뒤따르지 않으면 의미가 없습니다. 기술회사의 리더에게 실행력이 중요한 이유이며

아우디, 애플, GE, 테슬라, 삼성 등 리더의 역량을 중요하게 관리하는 글로벌 기업에 실행력에 대한 항목이 가장 많은 이유이기도 합니다.

실행을 특히 강조한 회사는 '에너지'와 '결단'을 강조한 GE[85]입니다. GE는 '에너지Energy – 활력Energize – 실행Execute – 결단Edge'을 4E 리더십으로 정의합니다. 그리고 리더에게 '전략을 효과적으로 수행하고 전략 계획을 달성하는가?'라는 질문을 끊임없이 던집니다. 리더를 평가할 때도 해당 팀의 성과를 제품 성능과 품질은 물론 재무 결과까지 연계하되 1년이 아니라 중기적으로 평가함으로써 리더의 실행 능력을 중요시합니다.

일론 머스크의 테슬라[84]는 리더십 원칙을 '소유자처럼 생각하기Think Like Owners – 빠르게 움직이기Move Fast – 지속적으로 혁신하기Constantly Innovate – 불가능한 일 해내기Do the Impossible – 제1원리로 추론하기Reasoning First Principle – 모두 함께 올인하기We are All In'로 정의합니다. 그 어느 분야보다 경쟁이 치열한 스타트업답게 도전에 근거한 강한 실행력을 리더의 덕목에 포함하고 있습니다.

여기서 '빠르게 움직이기'는 시장의 트렌드와 변화에 신속하게 대응하는 리더의 능력이 회사의 경쟁 우위를 견인함을 뜻합

테슬라와 스페이스X의 6단계 리더십 원칙[84]

1단계	소유자처럼 생각하기 Think Like Owners
2단계	빠르게 움직이기 Move Fast
3단계	지속적으로 혁신하기 Constantly Innovate
4단계	불가능한 일 해내기 Do the Impossible
5단계	제1원리로 추론하기 Reasoning 1st Principle
6단계	모두 함께 올인하기 We are All ina

니다. 업계의 현안과 과제에 대한 탄력적인 대응력을 기본 역량으로 강조하면서도 리더의 빠른 실행을 요구하는 것입니다. '지속적으로 혁신하기'는 두말할 나위 없이 혁신이 일의 핵심이며 최첨단 제품을 개발하여 경쟁 우위를 유지하기 위해 지속적으로 혁신해야 함을 강조하는 것입니다. 또한 이러한 실행을 할 때 '불가능한 일 해내기', 즉 틀 밖에서 생각Think out of the box을 하고 파격적으로 행동할 것을 요구합니다. 설계 단계부터 생산성과 창의성에 대한 전통적인 방법의 한계를 넘어설 것과 이를 통해서만 회사의 새로운 문이 열린다는 점을 강조합니다.

아우디의 혁신을 위한 리더십 중 하나인 '확보Schützen'[83]는 문제를 찾아 구조화한 이슈를 실행해 결과를 도출하고 이를 회사의 기술적 자산은 물론 매출 실적으로 연결함을 의미합니다. 즉 실행에 의한 '보존'은 계획을 성과로 연계하는 역량인 것입니다.

삼성은 리더의 실행 능력을 '행行'[1]으로 정의합니다. 행은 핵심 내용을 정확하게 전달하고 가르칠 줄도 알면서 체계적으로 수행하는 것을 말하며 3장에서 정리한 '안다 12단계'[45]의 용用과 훈訓은 물론 평評의 일부를 포함하는 8단계까지를 의미합니다.

'제대로 알앤디'가 강조하는 가장 대표적인 실행 방법은 '과제지표Project Score Card 관리'인데 이것은 뒤에서 설명하겠습니다.

설득이 아니라 공감으로 리더십을 완성한다

• 일체감

감성 지능의 제창자이자 심리학자 대니얼 골먼은 저서 『SQ 사회지능Social Intelligence』[87]에서 '소통Communication'을 강조합니다. 골먼은 일체감, 표현력 영향력, 배려라는 네 가지 사회적 영향력Social Power에 대한 평가 항목을 소개하면서 '일체감Sense of Unity'을 최우선의 전제조건으로 설명합니다. 즉 '사람들에게 얼마나 큰 일체감을 주는가?' '자기 자신을 얼마만큼 효과적으로 표현하는가?' '그것을 통해 얼마만큼 영향력을 행사할 수 있는가?' '어느 정도로 배려하며 다른 사람이 필요로 하는 것을 살펴 행동하는가?'라는 질문이 평가 항목입니다.

이는 많은 회사에서 시행하는 조직문화 진단평가에서 관리하는 '리더의 소통 능력' 평가 항목과 연결되는 내용인 만큼 리더가 주기적으로 자문하여 평가해보기를 바랍니다. 때로는 부서원들에게 평가를 요청하는 방법도 좋겠습니다. 쉽지는 않겠으나 항목별 만점을 25점으로 하여 90점 이상 100점에 도전해 봄 직합니다.

3장에서 창의의 방법으로 '지식 충돌'을 소개하면서 기술회사의 소통은 '기술 소통'이라고 설명했습니다. 이에 더하여 부서원의 성과와 그들의 미래를 함께 고민하고 코칭하는 소통 활동은 리더의 가장 중요한 역할 중 하나입니다. 리더 본인이 사원 시절부터 경험한 바를 회사의 전략 방향에 투영하여 부서원과 함께 이야기하는 게 좋습니다. 같은 분야의 공학을 공부한 후배들과 이러한 순간의 교감을 통해 리더와 부서원의 관계가 아니라 선배와 후배의 관계로 일체감이 형성되어 친밀도가 올라갑니다. 그러면 대니얼 골먼이 언급한 네 가지 소통 항목의 키워드인 일체감, 표현력, 영향력, 배려를 실현할 수 있습니다.

• 칭찬

연구개발 현장에서 리더가 실행해야 할 소통 방법은 너무도 많습니다. 대부분 아주 작은 부분에서 큰 효과가 나는 만큼 모두 소개하기 어렵습니다. 하지만 반드시 실행해야 할 중요한 방법의 하나로 '칭찬Praise'을 강조하고자 합니다.

삼성에 이어 글로벌 기술회사에서 경영을 이어가고 있는 조남성 부회장은 주니어가 리더로 성장하도록 코칭하기 위해 쓴 저서 『언밸런스』[88]에서 관계 스트레스를 줄이는 솔루션 중 하나로서 칭찬을 강조합니다. 리더가 전하는 인정과 칭찬은 후배들에게 가장 좋은 선물이며 성장에 매우 큰 영향을 미칩니다. 여기에 솔직함까지 더하면 리더와 후배 간에 최상의 팀워크를 만들 수 있다고[88] 이야기합니다.

회사는 물론 가정과 일반 사회생활에서도 칭찬은 무조건 좋습니다. 기술회사에서 칭찬은 부서원에게 본인의 연구개발 업무에 자신감을 느끼게 하며 개발 방향에 대해 불확실함이나 미숙함을 느낄 때 도전 의식과 문제 해결 능력을 높입니다. 더 나아가 부서원 간의 관계도 좋게 형성되는데 소위 피그말리온 효과Pygmalion Effect[89]에 의해 칭찬을 통한 기대가 현실로 드러나 모든 행동에 긍정적인 영향을 주게 됩니다. 칭찬을 받은 해당 부서원은 사기 진작을 통해 능률이 오르고 업무 관심이 높아지며 결과적으로 해당 부서원의 성장 동력으로 작용하게 되어 역량이 향상됩니다.

그런데 칭찬에도 기술이 있습니다. 켄 블랜차드의 저서 『칭찬은 고래도 춤추게 한다』[90]에서도 일부 언급됐습니다만 저의 실행 경험을 기반으로 정리한 '칭찬의 세 가지 방법'을 소개합니다.

가장 쉽고 간단한 방법은 칭찬할 부서원을 별도로 만나서 구체적인 설명과 함께 칭찬하는 것입니다. 이는 리더로부터 개인적으로 인정받았다는 감성적 의미는 있겠으나 칭찬의 효과는 50% 정도입니다. 칭찬의 효과를 100%로 끌어올리기 위해서는 많은 사람 앞에서 칭찬해야 합니다. 해당 부서원이 참석한 부서원들과의 식사 자리, 과제 리뷰 현장, 경영 설명회 등의 대규모

모임에서 칭찬하는 것입니다. 그런데 시상식 같은 형식적 행사가 아니라 진실한 어조로 구체적인 사례를 함께 언급해야 효과가 좋습니다.

100% 이상의 효과적인 칭찬을 하려면 많은 사람이 있되 칭찬의 대상자가 없는 자리에서 다른 사람의 이름을 빌려 칭찬하는 것입니다. 제가 자주 하던 방법이 있습니다. 칭찬할 대상자를 제외한 다른 부서원들 여러 명이 동승한 엘리베이터 안에서 "내가 어제 사업부 회의에 들어갔는데 그쪽 부서에서 우리 연구소 A 연구원의 실력과 열정을 높이 평가했어요. 아마도 이번 기술 승인 건으로 이야기한 것 같은데, 평소에도 매사에 긍정적이고 유능한 연구원인 바는 알고 있었지만 결국 사업부에서도 이렇게 인정받는군요."라는 식으로 이야기합니다. 아마도 그 이후 부서 전체에 입소문이 나서 조직에 긍정적으로 작용함은 물론 A 연구원이 뒷담화로 본인이 칭찬받은 이야기를 전해 듣는 순간 칭찬의 효과는 150% 이상일 것이라 확신합니다.

• 공감

소통은 설득이 아니라 '공감'입니다. 리더가 부서원들과 나누는 기술 토론과 전략 회의는 물론 개인별 커리어 관리와 성장에 관련한 모든 대화는 공감이 우선입니다. 그리고 공감을 잘하는 방법은 경청입니다. 대니얼 골먼은 저서 『감성 지능』에서 '리더는 최대한 겸손하게 하던 일을 멈추고 상대의 말을 경청'할 것을

삼성의 리더십 5단계[1]

1단계	2단계	3단계	4단계	5단계
지知	행行	용用	훈訓	평評

강조합니다.[91] 경청은 상대의 마음과 역량을 온전하게 끄집어내어 공감으로 이어주는 리더의 덕목입니다.

삼성은 「지행30훈」[1]을 통해 리더십을 '지행용훈평'이라는 5단계로 정의했습니다. 이는 리더는 물론 기술회사의 모든 조직원이 각자의 분야에서 글로벌 리더가 되기 위한 지침이기도 하며 안다의 수준과 연계됩니다. 이중 훈과 평이 소통의 덕목으로서 리더 입장에서 부서원에게 공감하여 체계적으로 가르치고 그 결과를 평가할 수 있는 역량을 의미합니다.

훈과 평은 리더가 목표는 물론 결과를 정량화하여 조직원들과 공유함으로써 열정을 끌어내는 과정입니다. 부서가 수행할 목표를 명확히 하되 목표 달성을 위해 부서원을 훈련시키는 과정과 그에 더해 결과에 대한 코칭과 피드백을 강조한 GE 제프리 이멜트 전 회장[92]의 공감과 소통의 리더십과도 같은 개념이라고 할 수 있겠습니다.

GE는 소통과 관련한 리더의 역량으로 '활력'을 강조합니다. 리더가 팀원들에게 에너지를 얼마나 잘 공급하는지, 즉 얼마나 활력을 불어넣는지를 지속적으로 살펴볼 것을 요구합니다. 리더가 팀원들이 행동하도록 촉매제 역할을 해야 한다는 것입니다.

리더의 역량

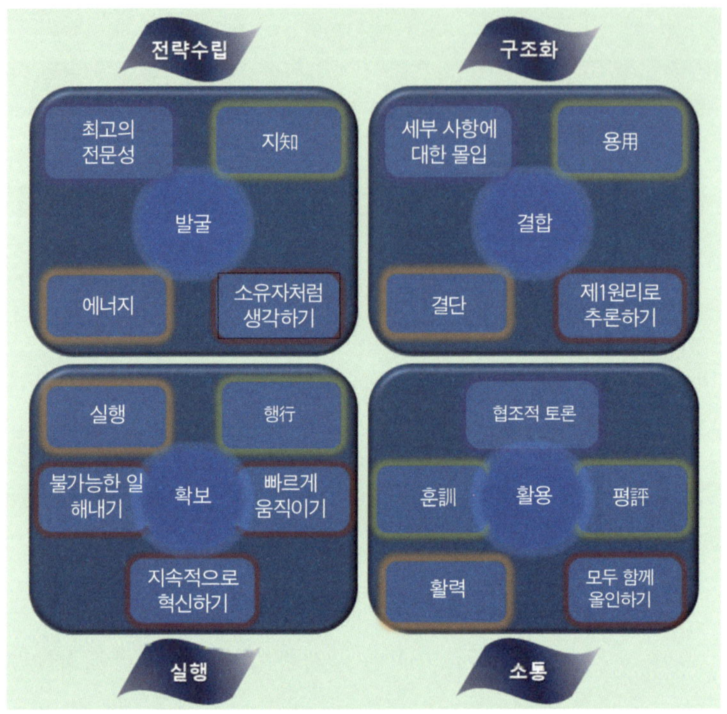

아우디, 애플, GE, 테슬라, 삼성이 강조하는 리더의 덕목을
R&D 제대로 하기 리더의 4대 역량과 연계하였다.

테슬라 역시 소통을 통한 팀워크를 강조합니다. 모든 직원의
재능과 기술의 시너지를 통해 회사의 이익을 극대화하는 협동적
인 기업 문화를 만들도록 '모두 함께 올인하기_{We are All In}' 원칙을
리더의 덕목으로 관리합니다. 또한 최고의 전문성을 리더의 최
우선 역량으로 강조하는 애플도 리더의 소통 역량을 '협조적 토
론_{Collaborative Debate}'으로 정의하여 중요하게 관리합니다. '협력 토론

회'라는 문화를 통해 신제품의 핵심 요소를 하나라도 놓치지 않기 위해 회사가 보유한 수백 개의 전문가팀과 토론합니다. 이때 리더는 협력적 의사결정을 함에서 강력하고 근거 있는 견해를 갖고 토론에 임하되 다른 부서로부터 새로운 증거가 제시되면 본인의 생각을 기꺼이 바꾸는 소통 마인드가 있어야 합니다. 이것이 협조적 토론입니다.

이상 제가 경험하고 실행하고자 했던 연구개발 리더의 4대 역량 '전략 수립, 구조화, 실행, 소통' 등과 아우디, 애플, GE, 테슬라, 삼성 등 글로벌 기업이 추구하는 리더의 덕목을 연계하여 소개했습니다. 이를 종합한 리더의 역량을 하나의 그림으로 구조화했으니 연구개발 현장에서 참고하기를 바랍니다.

기술회사의 리더로서 스스로를 꾸준히 훈련시키고 동시에 실천하면서 '리더의 역량'을 끌어올리기 바랍니다. 앞에서 설명한 덕목들은 세세하게 모두 도달하기에는 어려운 구루의 수준입니다. 하지만 지속적인 노력을 통해 어느 순간에 자신의 것으로 만들 수 있을 것입니다.

1장 갈망에서 언급한 바를 다시 한번 강조하면 리더는 현재 자신의 수준에 미래 수준을 더하고, 경쟁자는 물론 글로벌 리더의 미래 수준을 더하고, 추가로 최대 가능성을 극복하는 수준을 부가하여 본인의 최대 갈망 수준을 정의하여 도전하기를 바랍니다. 그 과정에서 자신감을 가지고 본능에 충실하되 큰 그림을 그리고 최강팀을 구성하여 리더의 역할과 책임을 행사하면 경험한 것 이상의 강한 역량을 발휘하고 축적하게 될 것입니다.

참고로 리더십과 관련하여 제가 직간접적으로 영감을 받은 구루들의 가르침을 리더의 4대 역량과 연계하여 그분들의 어록을 그대로 현재와 미래의 연구개발 리더들에게 공유합니다. 최고의 경쟁력을 보유한 리더로 성장함에 참고하기 바랍니다.

전략수립

- 끊임없이 공부하라. 풀 베고 나무하는 사람에게도 물어라.

  – 이세민(당 태종)

- 리더는 가장 어렵고 가장 위험할 때 미래를 준비한다.

  – 더글라스 맥아더(연합군 최고사령관)

- 시장에서 실기하는 기술확보 전략은 의미가 없다.

  – 임형규(삼성전자 사장, 삼성전자종합기술원 원장)

- 외부의 시각으로 내부를 평가하고, 면밀한 센싱으로 압도적인 기술로 제품을 완성함이 연구개발R&D의 정점이다.

  – 최윤호(삼성전자 사장, 삼성 SDI 사장)

- 연구원은 기술의 원리를 알아야 하고, 리더는 기술의 본질을 알아야 한다.

  – 김기남(삼성전자 종합기술원 회장)

- 경쟁사 대비 약간 잘하는 수준의 목표로는 안 된다. 차원Order이 다른 목표를 설정해야 한다. 남과의 비교우위를 생각하지 말고 남들이 안하는 것을 내가 한다는 마음이 필요하다.

- 김기남(삼성전자 종합기술원 회장)

• 벤처 사장이라는 마음으로 모든 일을 기획하고 추진하라.

- 이상완(삼성전자 사장, 삼성전자종합기술원 원장), 권오현(삼성

전자종합기술원 회장)

• 경쟁력 있는 기업은 호황일 때 좋고 불황일 때 더 좋다.

- 이상완(삼성전자 사장, 삼성전자종합기술원 원장)

• 망해가는 스타트업은 '우리의 고개은 누구인가?'

잘나가는 스타트업은 '우리의 고객은 누구이어야 하는가?'

를 고민한다

- 박남규(서울대 교수)

• 내가 잘하는 방법으로 싸우면 백전백승이다. 게임의 룰도 내

마음대로.

- 정태영(현대카드 부회장)

• 한번도 같은 방식으로 싸우지 않는다.

대치 상황에 따라 적절한 전략 구사한다. 일찍 가서 허 찌르

기, 장검과 단검 두 자루의 칼로 혼란하게, 근접전으로 무력

화하기, 심사를 어지럽혀 심리적 균형 허물기.

- 미야모토 무사시(검술가)

• 포먼과 싸울 때는 나비처럼 날아서 벌처럼 쏘지 않았다. 복

근을 단련하여 7회까지 맞고 3회 이상 뛰어오지 못한 포먼

을 7회 역전 KO.

- 무하마드 알리(헤비급 복싱 세계 챔피언)

구조화

* 나의 가장 큰 무기는 복잡한 문제를 단순 명료하게 풀어내는 능력이다. 책상 4등분하여 1번 버릴 것, 2번 다른 사람에게 지시하여 처리할 것, 3번 연락할 것, 4번 당장 처리할 것.

  – 드와이트 아이젠하워(미육군참모총장·미국 대통령)

* 리더의 역할은 지금 필요한 것과 먼 장래에 필요할 것을 적절히 조화시키는 것이다.

  – 일론 머스크(테슬라 사장)

* 리더십은 눈 앞의 문제에 전력을 다하면서, 미래를 향한 에너지를 배분할 줄 아는 능력이다.

  – 일론 머스크(테슬라 사장)

* 리더의 경험이 높고 뾰족하게 쌓일수록 새로운 생각이 올라갈 면적이 줄어든다. 경험을 분해해서 버릴 건 버리고 정리해야한다. 책장 정리하듯.

  – 정태영(현대카드 부회장)

* 리더의 기획력은 이슈와 계획을 구조화하는 능력이다.

  – 정태영(현대카드 부회장)

실행

* 지휘관에게 자신감과 열정, 그리고 낙관의 흔적이 보이지 않으면 절대 승리할 수 없다.

  – 드와이트 아이젠하워(미육군참모총장, 미국 대통령)

- 리더는 끝까지 포기하면 안 된다. 문제가 발생할 경우 결국 해결하는 사람이 리더이다.

  — 김기남(삼성전자종합기술원 회장)

- 리더는 큰 목표를 갖고 자기 일을 주도해라. 세세한 부분에 대해서는 코칭만 해야 한다.

  — 권오현(삼성전자종합기술원 회장)

- 부서원이 지루함을 견디게 할 작은 성취를 빈복할 수 있도록 하고 리더는 과업에 집중하라.

  — 조남성(제일모직 사장, 삼성SDI 사장, 원익 부회장)

- 상사의 의도를 파악하고, 수업과 학습으로 한계를 넘어서라. 그리고 상사를 주도하면서 이끌어라.

  — 조남성(제일모직 사장, 삼성SDI 사장, 원익 부회장)

- 아이디어 실행은 아이디어 발상보다 100배 1,000배 어렵다. 실행 없는 성공은 없다. 완벽한 하루는 아니었으나 훌륭한 하루였던 것만은 분명하다(발사 실패, 1억 달러 손실 직후).

  — 일론 머스크(테슬라·스페이스X 사장)

- 리더에게는 기획력과 실행력이 모두 필요하다. 실행력은 장애물을 신속히 넘어가는 능력이다.

  — 정태영(현대카드 부회장)

소통

- 고수는 동료를 부각시키면 자기가 부각된다는 사실을 안다.

- 존 F. 케네디(미국 대통령)

- 인재를 사사로이 쓰면 천하를 다스릴 수 있고, 공평하게 쓰면 천하를 얻는다.

  - 강희제(청 황제)

- 15만명의 만족족(청나라)이 1.5억명의 한족(명나라)을 관리하여 부흥함에는 융화를 통한 변영이 핵심. 만한전석도 그중 한 가지.

  - 강희제(청 황제)

- 상대방을 명예롭게 하라. 맡겼다면 끝까지 믿고 배려하라. 정직한 실수라면 관용을 베풀어라.

  - 조지 마셜(미육군참모총장)

- 융합은 심포지움Symposium(Sym 함께 + Posium 마신다)이다.

  - 율리어스 카이사르(로마 공화국 독재관)

- 리더는 과제는 물론 위대한 직장Great Work Place 포함 모든 부분을 책임져야 한다.

  - 이상환(삼성전자 사장, 삼성전자종합기술원 원장)

- 부서원에게 질문을 해서 스스로 답을 구하도록 공부해 애정과 열정이 나온다. 자기 아이를 임태해서 키워야 SCI(근무 만족도)가 상승한다.

  - 권오현(삼성전자종합기술원 회장)

- 공감하고 인정하고 지혜를 나누라. 그리고 솔직하되 과하지 않게 소통하라.

- 조남성(제일모직 사장, 삼성SDI 사장, 원익 부회장)

• 카터는 본인이 결정하고 부하의 의견에 문제점을 지적했다. 나(레이언)는 다 듣고 제안자의 의견으로 결정한다.

- 로널드 레이건(미국 대통령)

• 이미 주문이 필요한 없는 수준급 연주자들이지만 나는 지휘 봉을 든다. 이끌기보다는 믿음의 확신을 담은 믿음의 리더십 으로.

- 리카르도 샤이(루체른 페스티벌 오케스트라 지휘자)

2

경쟁 비교 지표는 강력한 실행 도구다

기술 경쟁력이 곧 회사의 경쟁력인 기술회사에서 리더의 역할이 중요합니다. 'R&D 제대로 하기'의 가장 많은 부분을 할애하여 '리더의 역량'을 설명한 이유이기도 합니다. 특히 차별화된 제품 성능의 선행 확보를 위한 무한 경쟁이 진행 중인 분야에서 연구개발 과제의 리더는 부서원들에게 도전적이면서 정확한 목표를 '논리적'으로 제시해야 합니다. 또한 그 목표 달성을 위한 기술 확보 전략과 전술을 '객관화'하여 부서원들의 열정을 끌어내야 합니다.

도출한 목표, 전략, 전술을 부서원들과 소통하여 공감을 얻어내고 실행하여 결과적으로 그 어려운 과제를 성공시켰을 때 부서원들은 자긍심을 느낌과 동시에 자신들과 함께 회사 전체의 역량이 향상됐음을 인지할 것입니다. 리더의 역할은 이러한 일련의 과정 전체를 이끄는 것입니다. 따라서 '전략 수립 – 구조화 – 실행 – 소통'을 통해 연구개발 과제를 성공적으로 완수하는 능력을 리더의 역량이라 하겠습니다.

경쟁 비교 지표로 이끈다

부서가 추진할 과제의 목표에 대한 의미, 즉 이론적 한계치와 실질적 한계치를 부여하여 과제 목표를 객관화하고 해당 수준을 달성할 기술적 접근 방법을 구체화함은 물론 모든 항목에 대해서 경쟁자와의 경쟁력을 비교해야 합니다. 이를 통해서 과제를 수행할 부서원들은 왜 우리가 그곳으로 가야 하고 언제까지 가야 하는지 정확히 인지하게 됩니다. 또한 어떻게 하면 갈 수 있는지 공감하게 됩니다. 이로써 강한 소속감을 갖고 열정을 발휘하게 됩니다. 이를 위한 강력한 도구가 '경쟁 비교 지표Competition Comparison Chart'입니다. 간단히 CC차트라고도 합니다. 감히 이야기한다면 경쟁 비교 지표 한 장에 과제의 모든 사상이 녹아들어 있다고 할 수 있겠습니다.

경쟁 비교 지표에서 X축은 시간, Y축은 절대 목표(경우에 따라서는 기술 트리에서 지정하는 기술 1~2단계의 목표)로 설정하고 가장

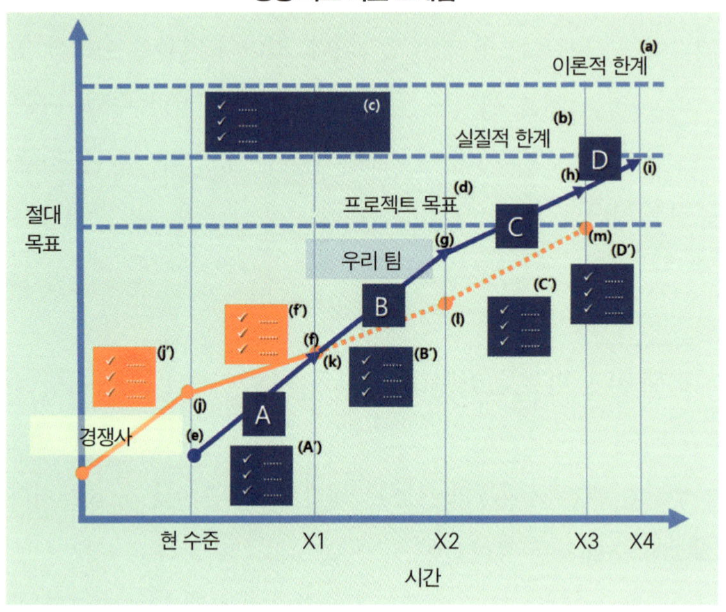

상단에 해당 기술의 이론적 한계Theoretical Limit 수준(a)을 정의합니다. 이때 이론적 한계는 이상적인 조건에서의 과학적 계산에 따른 수준입니다. 그리고 공학적 한계Engineering Limit로서 다양한 공학적 제약조건을 고려한 실질적 한계Practical Limit 수준(b)을 표기합니다. 이때 이론적 한계와 실질적 한계의 간격은 반드시 계산으로 증명하여 설득해야 하고 그 근거(c)를 차트에 직접 표기합니다. 이를 기준으로 하여 과제 목표(d)를 표기하는데 현 수준(e)을 시작점으로 하여 단계별 목표(f, g, h)를 제시하고 궁극적으로는 실질적 한계(i)까지 도전함을 명기해야 합니다. 이상의 정량화 작업이 마무리되면 단계별 목표를 달성하기 위한 기술 확보 전략(A,

B, C, D)을 각각 표기하고 상세한 기술적 접근(A', B', C', D')도 함께 표현합니다. 이렇게 함으로써 경쟁 비교 지표의 논리를 강화함과 동시에 개발을 수행할 부서원들의 역할이 자연스럽게 녹아들어 갑니다.

마지막 단계는 경쟁 비교입니다. 목표로 설정한 단계별 시점의 경쟁 기관의 수준(현재(j)와 미래(f) 수준)과 공개된 경쟁 기관의 적용 기술(j', f')을 함께 표기함으로써 추구하는 기술 목표에 '경쟁력'이 있고 기술 확보 방법이 '독보적'인지 판단할 수 있습니다. 이렇게 완성한 경쟁 비교 지표는 리더가 주관하여 분기별로 업데이트하여 경쟁 비교의 실효성을 지속해서 유지하는 동시에 부서원과 수시로 리뷰하여 과제 전략의 정확한 수행 여부를 점검할 수 있습니다.

경쟁 비교 지표로 관리한다

제가 수행하던 모든 연구개발 과제는 이러한 경쟁 비교 지표 작성을 필수로 하여 관리했습니다. 이해를 돕기 위해 사례를 하나 소개합니다. 최근 기후 온난화 문제로 국가적으로 적극적으로 추진하는 넷 제로Net Zero와 관련하여 온실가스의 포집과 전환에 관한 기술이 중요해지고 있습니다. 다음의 그림 「이산화탄소 포집 기술 과제에 관한 경쟁 비교 지표」는 이런 상황에서 12년

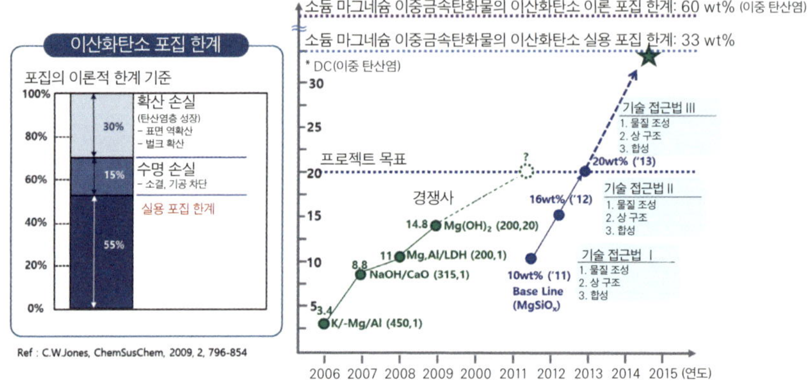

전에 수행했던 이산화탄소 포집 기술 개발 과제를 착수하던 시점에 작성한 경쟁 비교 지표입니다.[21] 현재에 와서 상세한 정량적 수치는 의미가 없으니 구성 요소를 이해하는 목적으로 살펴보길 바랍니다.

가장 이상적인 구조인 소듐 마그네슘 이중금속탄화물$_{Na-Mg \, Double \, Carbonate}$에 포집되는 이산화탄소량인 60wt%를 이론적 한계로 산정하고 실질적 한계는 33wt%로 설정했습니다. 확산 손실$_{Diffusion \, Loss}$(표면 확산$_{Surface \, Diffusion}$, 벌크 확산$_{Bulk \, Diffusion}$)에 따른 효율 손실과 사이클 진행 중 공학적으로 피할 수 없는 소재의 구조 변화(소결$_{Sintering}$, 기공 차단$_{Pore \, Blocking}$) 등을 이론적 한계와 실질적 한계의 간격에 대한 근거로 제시했습니다.

그리고 과제 착수 시점에 실시한 사전 실험을 통해 규산마그네슘$_{MgSiO_2}$을 구현하여 현재 수준(10wt%)을 정하고 당시에 공개된 경쟁사의 기술 정보를 기준으로 수산화마그네슘$_{Mg(OH)_2}$의 수준(14.8wt%)을 함께 비교하여 과제 목표를 20wt%로 설정했습니다. 과제를 늦게 시작했는데도 경쟁사를 단기간에 극복하고 실질적 한계까지 도전하고 있음을 알 수 있습니다. 다만 기술 확보를 위한 상세한 기술적 접근은 정보 보안을 위해 삭제했습니다. 해당 기술은 이후 지속해서 발전해왔고 과제 역시 당시 경쟁 비교 지표상에 표기한 실질적 한계 수준까지 지속해서 개발하는 것으로 알고 있습니다.

개방형 혁신으로 외부자산을 내재화한다

빠르게 발전하는 기술을 '먼저' 개발함에서 전 세계 수많은 대학, 연구 기관, 스타트업에서 동시다발적으로 생성되는 다양하고 새로운 기술들을 효율적으로 활용하는 것이 연구개발의 경쟁력입니다. 여기서 '효율적'이라 함은 우수한 요소기술들을 독립적인 기술로 놓아두지 말고 제품으로 연계하는 기능으로 완성함을 의미합니다. 이러한 기술들은 내부의 과제 수행 주체보다는 외부에 더 많이 존재합니다. 즉 외부에 있는 다양한 기술 정보를 센싱하여 아웃소싱 전략을 마련하는 것은 연구개발의 리더가 수행할 전략 수립의 책무입니다.

아웃소싱Outsourcing은 외부에 있는 기술을 그대로 도입하는 경우도 있겠으나 기술 도입의 목적에 맞는 방향으로 추가적인 개발을 통해 효율적 기술로 완성해야 합니다. 4세대 연구개발 방식인 '개방형 혁신Open Innovation'이 중요한 이유입니다. 전통적인 기술 비밀주의와 내 기술은 내가 개발한다는 사일로식 연구개발에서 벗어나 진정한 혁신을 향한 공격적인 실행 방법입니다.

참고로 1세대 연구개발은 연구원의 지적 호기심에 기초한 연구개발로서 시장과의 연관성이 적을 수도 있습니다. 2세대 연구개발은 시장 요구에 맞춰 마케팅 부서에서 의뢰하는 니즈형 연구개발입니다. 3세대 연구개발[93]부터는 연구개발 과제가 사업 전략과의 정합성은 물론 지향하는 제품의 포트폴리오 관점에서 관리되는 씨앗Seeds형 연구개발이며 'R&D 제대로 하기'에서 지속해서 강조하는 기술 로드맵과 기술 트리에 기반한 전략입니다. 그리고 계속 심화되는 기술의 다양성, 불확실성, 복잡성에 대응하기 위한 연구개발은 '개방형 혁신'을 포함한 차세대 연구개발로서 4세대 연구개발[94]이라고 합니다.

개방형 혁신은 목적에 따라 외주개발, 위탁연구, 공동연구개발, 클러스터연구개발로 구분해 전략적으로 운영할 수 있습니다. 그리고 가장 적극적인 방법인 해외 연구소 운영은 개방형 혁신을 내재화하는 극강의 개방형 혁신 전략입니다. 이러한 전략적인 개방형 혁신의 다섯 가지 형태를 도전하는 기술의 종류에 따라 기술 트리상의 요소기술 단계(기술 트리 단계)와 기술 로드맵상의 우선순위를 양축으로 해 구분해 보았습니다.

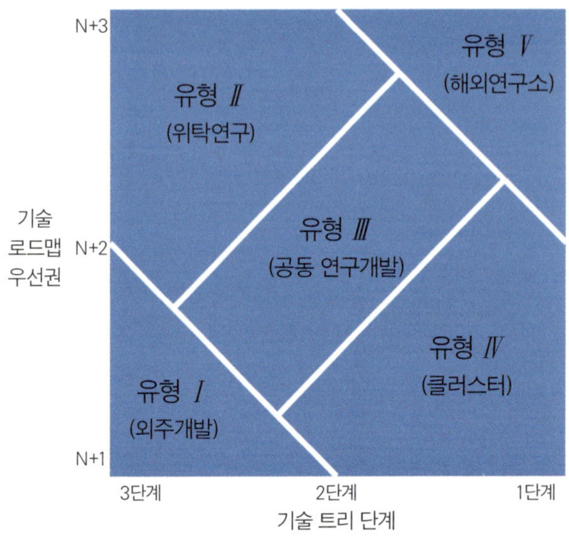

외주개발로 단기 요소기술을 확보한다

기술 트리상 3단계 이하의 요소기술로서 빠르게 확보해야 할 기술 로드맵 N+1에 해당하는 단위 기술에 대한 협력은 외부 장비 혹은 외부 인력을 그대로 활용하는 '외주개발Outsourcing Development(유형 Ⅰ)' 형태로 진행합니다. 기술 확보의 중요성과 시급성은 있으나 개발을 위한 설비 투자나 전문 인력 채용으로 가기에 부담스러운 경우에 해당합니다. 해당 기술의 난도가 높거나 혁신이 필요한 수준이 아니라 단발성 실험 혹은 실험 설계 기반의 반복성 실험이 필요한 개발에 활용할 수 있습니다. 이때 해당 기술에 대한 지식재산권은 자체 연구를 통해 우선 확보한 후 협력에 착수하는 것이 중요합니다.

리튬이온전지의 '액체 전해질 첨가제용 고분자 조성 개발'의 경우 이론에 근거한 시뮬레이션과 보유한 데이터베이스를 통해 후보 조성을 다량으로 생성한 후 외부의 합성 전문 기관을 통해 샷건Shotgun 방식으로 다수의 실험을 통해 적절한 합성 루트를 발굴하고 평가하였습니다. 이렇듯 일련의 스크리닝 작업으로 신규 조성을 발굴하는 협력 등이 외주개발에 해당합니다.

위탁연구로 기초 기술 선행 연구를 확보한다

외부 기관의 전문성을 활용하되 선행 연구가 필요한 경우는 '위탁연구Consignment Research(유형 II)를 진행합니다. 협력 대상은 대학교 혹은 국공립 연구소입니다. 협력 목적은 기술 트리상 2단계 혹은 3단계에 해당하는 기초 기술, 기술 로드맵상 N+2 혹은 N+3의 일정에 해당하는 차세대 기술의 선행 연구 확보입니다. 차세대 기술의 콘셉트 검증과 특허 발굴에 의한 기술 선점은 물론 자체 개발 과제 착수의 타당성을 검증할 때 유용한 방법입니다. 아마도 가장 쉽게 접근할 수 있고 가장 많이 활용되는 개방형 혁신의 형태일 것입니다.

올레드 디스플레이용 발광 소재로서 기술 한계에 도전 중이던 인광 블루 소재의 개발 리스크 분산을 위해 추진한 새로운 개념의 '열 활성화 지연 형광TADF, Thermally Activated Delayed Fluorescence 소재 기술', 리튬이온전지의 양극용 2D 도전재로서 차세대 기술로 여겨지는 '그래핀Graphene 합성 및 표면 처리 기술' 등을 위탁연구를 통해 수행했습니다.

전문성 융합을 통한 공동연구개발을 한다

더욱 적극적인 개방형 혁신은 '공동연구개발Collaborative R&D（유형 Ⅲ）' 형태로 진행합니다. 전문성을 보유한 외부 기관의 인력과 내부 전문가가 함께 참여하여 역할 분담을 통해 협력합니다. 이를 통해 연구개발 속도는 물론 완성도 제고에 유리한 만큼 협력의 결과가 제품 적용까지 빠르게 이어질 수 있는 형태입니다. 주로 대학교 혹은 전문 업체 등이 협력의 대상이며 기술 트리 2단계 수준의 요소기술로서 기술 로드맵상 N+2의 일정에 해당하는 비교적 단기간에 기술을 적용해야 하는 경우에 활용할 수 있습니다. 최소 2년 이상의 협력 기간을 보장하는 것이 좋습니다. 이과정 중에 특히 대학교와 같은 협력 기관 내에 해당 기술에 대한 인력 양성을 통해 기술 확보와 전문 인력의 채용으로 이어질 수도 있기에 '전략산학협력Strategic Industry Academia Collaboration'이라고도 합니다.

리튬이온전지용 '극판 전도도 향상 슬러리 개발'은 도전재 설계 – 도전재 합성 – 분산제 설계 – 분산제 합성 – 슬러리 조성 설계 – 극판 코팅 공정 조건 개발 – 셀 제작·평가로 진행됩니다. 이러한 일련의 과정에서 주관 기관과 협력 기관이 역할을 분담하여 동일한 목표와 일정으로 개발을 추진함으로써 각각 보유한 전문성의 시너지를 활용할 수 있는 협력 형태입니다.

또한 리튬이온전지용 고용량 음극인 '실리콘 음극 소재 개발'도 실리콘·탄소 복합 소재 구조 설계 – 실리콘 나노화 – 탄소 코팅 – 소재 평가 – 극판 및 셀 제작·평가의 개발 과정에 대해 공동연구개발을 진행했습니다. 주관 기관은 새로운 개념의 복합 구조를 설계하고 해당 소재의 구현은 나노화 공정의 전문성을 가진 외부 기관이 전담토록 합니다. 이후 소재 평가와 셀 적용은 데이터를 공유하여 상호 간에 기술 정보를 피드백하는 형태로 공동연구개발을 수행하는 것이 과제 성공의 핵심 전략이었습니다. 현재도 지속적인 협력을 통해 1세대에 이어 2세대, 3세대의 개발로 이어지고 있습니다.

클러스터로 도전적 핵심기술을 개발한다

한 단계 더 고도화된 개방형 혁신의 형태로 최근에 고안하여 실행한 '클러스터 연구개발Clustered R&D (유형 *IV*)'을 소개합니다. 이

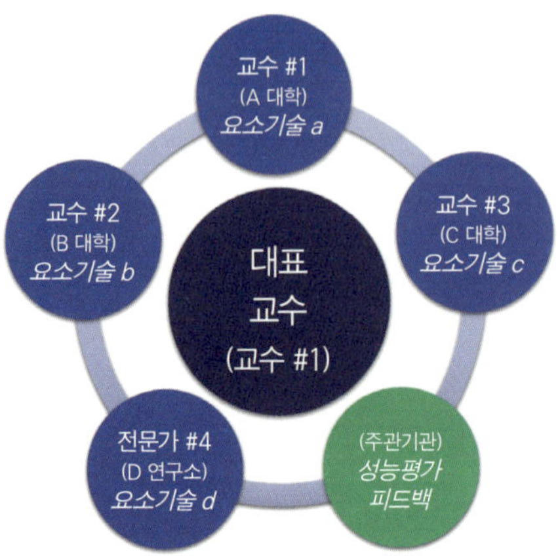

는 최상의 도전적 목표를 설정하여 세계 최고 혹은 세계 최초를 추구하되 과제 성공을 위해 필요한 요소기술 혹은 개발 과정의 연구 방법에 관한 최고 전문가들을 하나의 최상위 프로젝트로 초대하여 시너지를 도모하는 협력입니다. 협력 대상은 대학교가 적절합니다. 협력 목적은 기술 트리상 1단계~2급의 영향력이 큰 핵심기술 혹은 기술 로드맵상 N+2 혹은 N+3 일정에 해당하는 차세대 기술 확보입니다.

이때 가장 중요하게 고려해야 할 점은 당대 최고의 전문가인 석학들로 클러스터를 구성해야 한다는 것입니다. 그리고 초대한 석학 중 대표자를 선임하여 클러스터 과제 전체를 주도하도록 하여 참여한 최고 전문가들의 자율성을 보장하되 주관 기관은 클러스터 내 파트너로 참여하여 성능 평가 등의 역할 정도만 수행하는 것이 중요합니다.

클러스터 멤버의 구성은 이론 기반의 시뮬레이션 전문가, 다양한 방법론을 보유한 합성 전문가, 조합적 분석 등의 고도 분석 기술을 보유한 분석 전문가로 개방하고 프로세스와 평가는 개발 주체가 직접 수행해야 합니다. 그리고 한 개의 기관과 협력하는 것을 고집하지 말고 여러 대학에 흩어져 있는 요소기술별로 고수들을 모아 소위 드림팀을 구성하여 하나의 과제의 목표 달성을 위한 클러스터로 형성하는 것이 중요합니다. 즉 동시다발적, 개별적, 집단적으로 협력하는 연구개발을 추진함으로써 어려운 최고의 기술을 대상으로 최상의 팀을 구성하여 최고의 시너지를 통해 혁신을 이루는 형태입니다.

세계 최초로 소재의 성능을 확보하여 양산은 물론 TV 적용 상용화에 성공한 디스플레이용 양자점 소재의 신규 응용 분야로서 기존의 실리콘 대비 저가격, 고효율에 도전하기 위해 클러스터 형태의 개방형 혁신을 추진했던 '양자점 태양전지QDPV, Quantum Dot Photovoltaic 연구'가 여기에 해당합니다. 개발에 필요한 요소기술인 '양자 계산 – 양자점 합성 – 태양전지 구조 설계'에 대해 각각 당대 최고의 글로벌 석학 교수 세 분을 초대해 연구 클러스터를 조성하고 대표 교수가 중심이 되어 연구 계획은 물론 진도 관리를 직접 이끌도록 했습니다. 개방형 혁신을 수행하되 최대한 학계 특성에 맞게 운영하면서 주관 기관은 결과물에 대한 셀 효율 평가와 피드백만을 수행했습니다. 그 결과로 1장에서 설명한 미국 국립재생에너지연구소NREL의 태양전지 학습곡선[15]에 양자점 태양전지 관련 세계 최고 효율의 데이터 포인트를 찍는 성과를 올렸습니다.

리튬이온전지의 가격과 용량을 결정하는 양극 소재의 경우 고가의 코발트 함량을 줄이면서 고용량을 유지하는 '코발트 프리 양극 활물질 연구', 기존 소재와 극판 설계로는 불가능한 새로운 개념의 '초고속 급속충전 기술 연구' 등도 국내 대학의 해당 분야 최고 교수들을 초대하여 각자의 전문 분야인 '계산 – 설계 – 합성 – 고도 분석'으로 역할을 나누어 공동연구를 하는 클러스터를 구성했습니다. '우리 클러스터팀이 개발에 성공하지 못하면 전 세계에서 아무도 못한다.'는 자긍심과 의지를 불어넣기도 했고 현재도 클러스터에 참여한 연구진이 세계 최고 기술에 도전하고 있습니다.

이 밖에도 세대를 바꾸는 영향력이 큰 혁신 기술, 학제 간 협력이 필요한 기술, 이론적으로 가능하나 아직 아무도 성공하지 못한 기술에 도전할 경우 클러스터 형태의 개방형 혁신을 추진해 보기를 바랍니다.

해외 연구소를 통해 글로벌 기술을 확보한다

개방형 혁신에서 가장 적극적인 방법인 '해외 연구소Overseas R&D Center(유형 V)'를 통해 전 세계 수많은 대학과 연구 기관, 스타트업에서 지속적으로 생성되는 글로벌 신기술에 대한 대응력과 응용력을 극대화해야 합니다. 삼성의 경영 철학 중 하나인 연구개발 부문의 지침으로 '기술 확보는 물론 우수 인력 확보를 위해 해외 현지 연구소를 운영해야 하고 상품 개발이 뛰어난 선진 연구 체계도 벤치마킹해야 한다.'[1]라고 정의한 이유이기도 합니다.

해외 연구소는 앞의 네 가지 개방형 혁신 형태와 차별화하여 개방형 혁신의 대상 기술을 데마 수준으로 설정할 수 있습니다. 이 경우 기술 트리 0~1단계의 큰 기술 확보를 목표로 하되 경우에 따라서는 2~3단계까지 상세한 요소기술도 전개할 수 있도록 추진하고 기술 로드맵 N+2 이상 N+3~4까지 중장기적 주제를 선정하는 것이 좋습니다.

해외 연구소 운영 본연의 목적 달성하려면 전문 인력이 많고 인프라 확보와 기술 정보 접근성이 우수한 지역을 선정하는 것이 중요합니다. 즉 개방형 연구를 지향하는 최고 수준의 대학이 모여 있고 그곳에서 창출된 새로운 개념으로 스핀오프를 하여 도전적인 기술 사업을 추진 중인 스타트업들이 활동하는 지역 그리고 이와 연결된 티어1(Tier 1) 기술회사들이 모여 있는 지역이 적절합니다. 이러한 이유로 많은 글로벌 기술회사들이 북미의 산호세·샌디에이고·어바인·보스턴·몬트리올, 유럽의 뮌헨과 케임브리지, 일본의 오사카와 도쿄, 중국 선전, 이스라엘 텔아비브, 인도 벵갈루루 등에 현지 연구소를 설립해 운영하고 있습니다.

해외 연구소는 자체적인 선행 연구개발은 물론 현지 대학과 더 적극적인 협력, 스타트업과의 전략적 협업에 더해 현지 우수 인력 채용, 현지 기술 정보 센싱, 선진 연구 시스템을 아웃소싱합니다. 이에 더하여 국내 본사 연구 인력을 해외 파견해 글로벌 역량을 갖춘 연구 인력을 양성하는 기능까지 갖게 됨으로써 'R&D 제대로 하기'의 교두보 역할을 하는 극강의 개방형 혁신 형태로 발전할 것입니다.

4

과제지표를 통해 실행을 관리한다

지금까지 연구개발 전략 수립 도구로서 기술 로드맵, 기술 트리, 혁신 연구 방법, 특허 트리, 경쟁 비교 지표, 개방형 혁신에 관해 설명했습니다. 이 모든 방법으로 도출된 연구개발 과제의 핵심 내용만을 모아 한 장의 도표인 과제 지표Project Score Card를 작성하여 수행 과제의 목적과 목표, 일정 대비 현 수준, 이슈 사항을 일목요연하게 정리하고 주기적으로 업데이트함으로써 리더 스스로 과제 관리 도구로 활용할 수 있습니다.

리더는 과제 지표를 통해 실시간으로 관리한다

과제 지표 작성과 활용의 가장 중요한 목적은 리더와 부서원들이 한눈에 과제의 현황과 이슈 사항을 실시간으로 공유하고 이해할 수 있도록 하기 위함입니다. 또한 해당 과제나 사업과 관련한 이해관계자도 추가 설명 없이 과제 현황을 정확히 파악하도록 하여 개발 성공을 위한 발전적인 제안과 지원을 끌어낼 수 있습니다. 그리고 더 나아가 잘못된 판단으로 과제를 오도하는 경우를 최소화하거나 방지할 수 있습니다. 물론 리더 스스로 과제 현황을 직시함으로써 과제의 적기 성공을 이끄는 것이 최우선의 목적입니다.

대표적인 과제 지표 형식을 소개합니다. 이를 기본으로 작성하되 리더 스스로 관리하고자 하는 별도 항목을 추가해도 좋겠습니다. 그리고 수시로 업데이트해 과제원들과 공유하고 토론해야 합니다.

'과제명(a)'을 시작으로 과제 수행 '인력(b)'을 표기하되 프로젝트 리더의 이름과 과제원 인원수를 명기하고 '개발기간(c)'은 착수 시점과 완료 시점을 정확히 표기하기를 바랍니다. 해당 과제가 현시점에서 어느 단계에 있는지 '마일스톤(d)'을 표기함이 중요한데 과제 착수, 중간 검증, 설계 확정 혹은 기술 이관 등의 단계를 정의함으로써 해당 단계에 따른 점검 항목들을 적절히 관

과제 지표 형식

과제명	a		마일스톤	d	과제 유형	e	등급	f
인력	b	개발기간	c	적용 플랫폼	g	적용 제품	h	과제 Status	i
목적	j							

목표 (스펙)	평가항목		기존 기술	경쟁 기술	현 수준		목표	비고
			s	t	u	v	w	
	소재	k						x
		l						
		m						
	부품	o						
		p						
		q						
	r(가격)							

과제일정 ▼ ▲ 계획 실적

현한 이슈 ·대책: z

리하고 있는지, 계획한 일정대로 진행하고 있는지에 관해 연구 부서, 개발 부서는 물론 이후 양산을 수행할 제조 부서는 물론 품질 부서와도 함께 논의할 수 있도록 해야 합니다. 또한 '과제 유형(e)'과 그에 따른 '등급(f)'은 각각 연구 단계와 개발 단계로 나누고 그 안에서 상세한 과세 단세를 등급으로 표기함으로써 사원의 배분과 과제 기간 등의 타당성을 점검할 수 있습니다. 그리고 '적용 플랫폼(g)' 항목은 기술 로드맵에서 정의한 기술의 세대를 명기하는 부분인데 해당 플랫폼의 다른 요소기술들이 성능과 일정 측면에서 적절히 연계되는지 확인할 때 활용합니다. '적용 제품(h)'을 굳이 연구개발 과제 지표에 명기함은 연구개발 부서원은 물론 마케팅, 영업 부서원이 함께하여 기술 개발이 고객사와 약속한 제품의 스펙과 일정에 부합하여 진행 중인지, 이슈 사항은 없는지에 대해 상호 간에 많은 토론을 유도하기 위함입니다. 그리고 '과제 현황Status(i)'을 누구나 쉽게 인지할 수 있는 표식으로 표기함이 중요합니다. 정상 진행(초록●), 리스크 발생(노랑●), 지연 중(빨강●)을 각각 신호등의 형태로 표현하면 쉽게 파악할 수 있습니다.

중앙부에 있는 항목들은 과제 목표 항목에 대하여 기존 기술, 경쟁 기관의 수준, 본인 과제의 수준(기존, 현재)을 관리하는 지표입니다. 우선 과제의 '목적(j)'을 명기합니다. 왜 이 과제를 수행하는지에 대한 정성적인 표현입니다. 과제원 중 본인이 왜 이 일을 하는지 미션을 모르거나 알더라도 잊고 수행하는 경우가 있는데 과제에 참여한 모든 부서원의 열정을 끌어내기 위해 반드시 필요한 항목입니다. 이후 나머지 부분은 항목별로 모두 정량적 수치로 표현함이 중요합니다.

'평가 항목'은 세 부분으로 나누어 과제에서 추구하는 요소기술(주로 소재)의 핵심 항목(k, l, m)을 분류하고 해당 기술이 부품으로 모여 평가하는 항목(o, p, q)을 표기합니다. 당연히 상호 연계성이 있는 만큼 트레이드 오프 특성을 관리해야 합니다. 그리고 재료비 혹은 공정비 등 '가격(r)'을 결정하는 항목도 별도로 관리해야 합니다. 이는 목표로 설정한 성능을 모두 확보하고도 가격 이슈로 기술을 완성하지 못하는 경우를 사전에 관리하기 위함입니다.

항목별로 '기존 기술(s)'을 정리합니다. 기존 기술은 과제 수행 기관이 적용하고 있는 바로 앞 세대에 해당하는 기술을 의미합니다. 해당 과제가 얼마나 혁신적인 목표를 설정하고 있는지의 판단 근거입니다. '경쟁 기술(t)'의 수준을 명확히 관리해야 하는데 성능은 물론 해당 경쟁 기관명과 성능 확보 시점을 함께 명기해야 합니다.

그리고 과제지표의 핵심인 '현 수준'을 이전 리뷰 시점(u, 1개월 혹은 2주 전)과 현재(v, 오늘)로 나누어 표현함으로써 과제 상태를 목표 대비 그리고 경쟁사 대비 진행 상황이 어떠한지 실시간으로 그리고 객관적으로 확인할 수 있습니다. 당연히 마지막 칼럼은 항목별 과제의 '목표(w)'를 표현합니다. 앞에서 설명한 경쟁 비교 지표에 따라 경쟁 기술 수준(t)에 비교하여 상위 수준으로 설정하되 지속해서 업데이트하는 움직이는 목표로 관리함을 기본으로 합니다. 이때 '비고(x)'는 평가 항목별로 경쟁 기술 혹은 목표의 변경점에 대한 근거를 표기하여 이해를 구하는 부분으로 활용하면 됩니다.

정량화된 일정 관리와 과제 통제 시스템을 활용한다

과제지표의 또 다른 목적은 일정 관리입니다. 연구개발 과제는 목표 수준은 높고 일정은 급박한 경우가 대부분이죠. 경쟁 기술과의 관계는 물론 사업부에서 설정한 양산 일정을 고려할 때 복잡하게 얽혀 있는 요소기술별 개발 일정 관리는 한 치의 오류도 용납해선 안 됩니다. 즉 연구개발 과제의 착수 시점부터 단계별 마일스톤을 설정하고 내부는 물론 외부(개방형 혁신)로부터 확보하는 기술들을 적기에 통합하고 평가하여 검증한 다음 사업부 또는 고객의 승인을 받아야 합니다.

리더는 이 모든 과정을 일목요연하게 관리해야 하며 궁극적으로 기술을 이관받아 양산할 사업부 개발팀 혹은 제조팀 일정에 정확히 연계해야 합니다. 이에 과제지표의 중요 항목으로 '과제 일정(y)'을 정리하되 마일스톤 형태로 착수, 평가, 설계, 평가, 검증, 승인, 이관 단계를 표현해야 합니다. 개방형 혁신을 포함한 관련 과제와의 연계성은 물론 제품 개발의 착수, 사전 검증, 이관 기술 검증, 양산으로 이어지는 전체 일정을 정리하여 관련 부서와 수시로 함께 점검함으로써 연구개발 과제가 제품 양산에 성공할 수 있도록 해야 합니다.

끝으로 위에 정리한 목표와 일정에 표현된 내용 중 도출한 현안 '이슈와 대책(z)'을 주기적으로 정리해야 합니다. 이슈 사항을 정확하게 겉으로 드러내고 과제를 수행하는 연구개발팀 내부는 물론 관련 부서와 공유하여 함께 대책을 마련하여 실행하기 위함입니다.

과제지표의 우수 사례를 몇 가지 소개하여 이해를 도우려 했으나 기술과 과제 관리 현황이 상세히 드러나는 지표여서 정보 보안을 핑계로 여기에 싣지 못하고 위의 설명으로 대체할 수밖에 없었음을 이해하기 바랍니다. 다시 한번 강조한다면 과제지표는 리더 스스로는 물론 과제원들이 과제 성공을 위한 정확한 판단과 이슈의 적기 해결을 위한 수단으로 활용함과 동시에 상위 이해관계자로부터 최적의 지원을 유도하기 위한 도구입니다. 또한 과제 현황을 정확히 이해하지 못하여 잘못된 방향으로 주도하는 것을 차단하는 방법이기도 합니다. 과제 수행의 선단에서 적기에 성공으로 이끌기 위한 핵심 도구인 만큼 정확하게 정량적으로 표현하여 과제의 민낯이 그대로 드러나게 해야 합니다.

'R&D 제대로 하기' 리더십은 조직원의 지식을 끌어내고 결정하며 그 결정을 강력하게 실행함으로써 발현됩니다. 그리고 'R&D 제대로 하기' 전략은 1장, 2장, 3장에서 각각 강조한 기술 로드맵Technology Roadmap과 기술 트리Technology Tree를 통한 목표 설정Goal Setting과 달성 방안 수립, 혁신을 위한 연구 방법Innovative R&D Method과 특허 트리Patent Tree를 활용한 연구 성과 도출, 결과물의 지식 재신화 등 일련의 과정을 통해 구체화됩니다. 또한 5장에서 설녕한 경쟁 비교 지표Competition Comparsion Chart와 개방형 혁신Open Innovation으로 실행하고 궁극적으로는 과제지표Project Score Card를 통해 목표 달성 과정을 미세하게 관리함으로써 완성됩니다.

'`R&D 제대로 하기`' 전략 수립을 위한 도구

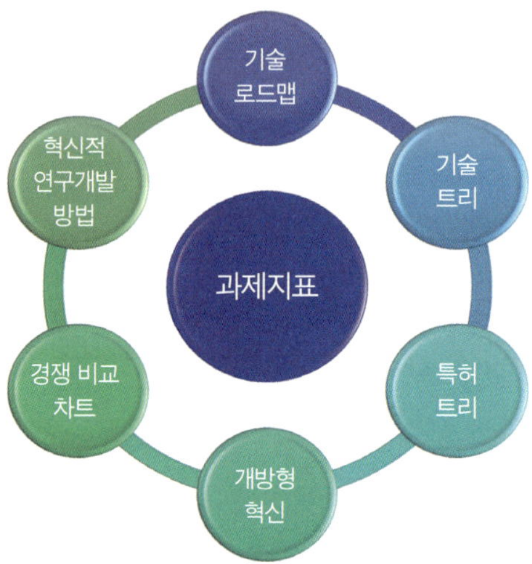

창의와 혁신의 시간을 되돌아보다

제 모바일 메신저 프로필 사진에 적은 메시지는 갈망, 창의, 열정입니다. 제가 연구개발 현장에서 추구하는 바를 축약하여 표현함에 가장 적절한 문구이기에 저를 아는 분들께 공표하고 동시에 제 지침으로 여기고 있습니다. 여기에 비전과 리더십을 더하면 이 책의 다섯 가지 주제입니다.

이를 근간으로 풀어본 제 경험을 굳이 'R&D 제대로 하기'라는 제목의 책으로 남겨 후배들에게 전달하고자 한 이유는 나름 오랜 기간(학계 8년, 산업계 32년) 연구개발에 종사하며 배우고 습득한 소중한 내용들을 지금 정리하지 않으면 그내로 휘발해버릴 것 같다는 두려운 생각이 들었기 때문입니다. 자칫 꼰대의 변으로도 들릴 수 있겠다 싶어 우려스럽기도 했습니다. 그러나 이 책의 많은 내용이 우리나라는 물론 글로벌 소재 산업과 전자 산업을 주도하는 기술회사의 구루들로부터 배운 바이기에 저 혼자만 알고 있으면 안 된다는 사명감이 강하게 작동했습니다. 이 책에

소개한 모든 방법론은 선후배를 포함한 많은 동료와 함께 연구
개발 성공에 대한 열망으로 도전하던 일들이며 어려운 순간마다
글로벌 경영 리더들의 촌철살인의 명언을 찾아 배우고 실천하고
자 노력했던 내용들입니다.

늦겨울 추위가 극성을 부리던 2024년 2월 구성을 잡고 시작
했습니다. 이 책에 담아야 할 데이터를 구조화하기 위해 제 터전
이었던 실험실, 파일럿 현장, 그리고 열정적인 토론을 진행한 회
의실에서의 기억을 소환하는 데 가장 많은 시간을 할애했습니
다. 봄을 지나 초여름이 되어서야 그 기억들을 'R&D 제대로 하
기'라는 제목의 이 책의 적소에 배치할 수 있었습니다. 역대급 폭
염이 기승을 부린 길었던 여름에 갈망－비전－창의－열정－리
더십의 이야기로 풀어갔고 들녘에서 수확이 시작되는 가을을 지
나 초겨울이 되어서야 초고를 완성했습니다. 이후 공학을 전공
하는 대학원생을 포함한 기술회사의 모든 연구개발자에게 공개
하기 전에 먼저 제가 몸담았던 회사 후배들의 공감을 위해 사내
인트라넷을 통해 장별 연재와 오프라인 강연을 진행했습니다.
이 과정에서 수천 명의 독자가 접속하여 탐독하고 댓글을 통해
저와 교감했고 강연 현장에서 많은 질문을 받는 과정에서 초고
를 수정하여 2025년 10월 최종본을 완성했습니다.

수십 년간의 경험을 1년여의 짧은 기간 동안 소환하여 글로써
표현하는 과정이 쉽지 않았습니다. 그러나 인용한 케이스 스터
디들이 모두 직접 수행한 것이다 보니 과거 연구개발에 몰두하

던 시간(1985~2023)과 장소(솔트레이크시티, 어배너섐페인, 기흥, 수원)를 넘나들면서 연구개발에 대한 만족감과 아쉬움, 성공과 실패의 감정 그리고 그 순간마다 경험한 잊지 못할 감흥을 되새기며 써 내려갔습니다.

집필 작업을 주변에 알린 이후 완성이 언제 되는지, 때로는 숙제 점검하듯이 계속 관심을 보여준 후배 임원들과 대학 교수님들께 그리고 제 아내와 가족에게 감사드립니다. 그들의 응원은 부끄럽지 않은 책이 되도록 스스로 정진함에 큰 힘이 됐습니다. 또한 자청하여 책의 구성을 살펴준 후배 오재혁 박사와 기술경영학 측면에서 오류와 부족한 부분을 짚어준 고려대학교 경영대학 김언수 학장께 감사드립니다. 그리고 바쁜 경영 일정 중에도 상세히 읽고 조언해주신 원익홀딩스 조남성 부회장님과 삼성전자 최윤호 사장님께 감사드립니다. 또한 'R&D 제대로 하기'의 '제대로'를 일깨우고 저의 연구개발 업무에 많은 인사이트를 주신 전 삼성전자종합기술원 김기남 회장님께 감사드립니다.

아무쪼록 이 책이 아무도 가르쳐주지 않는 소중한 병법으로 다가가 업무에 유용힌 메뉴얼과 지침과 도움밀이 되고 후배 연구개발자들이 세계 최고 세계 최초에 도달함에 그리고 후배 공학도들이 기술혁신의 미래를 설계함에 소중한 나침반이 되길 바랍니다.

주

1. 지행30훈(Ⅱ), 삼성인력개발원, 2010

2. Jim Collins, Good to Great: Why Some Companies Make the Leap and Others Don't, 2001

3. 권오현, 김상근(정리), 초격차: 넘볼 수 없는 차이를 만드는 격, 쌤앤파커스, 2018

4. 신동엽, 삼성SLP 고위경영자과정, 호암관, 2011 자료를 수정함

5. 이건희, 경영 복귀 멘트, 2010

6. 박용환, 양에 집중하라, 세이지, 2016

7. Peter Drucker, Essential Wisdom of Peter Drucker, Harvard Business Review, 2006

8. 정진홍, 인문의 숲에서 경영을 만나다, 21세기북스, 2007

9. 김기남, 삼성전자종합기술원, 2013을 요약함

10. https://jamaica‒gleaner.com/article/sports/20170719/

11. Hyuk Chang, Plenary Lecture, Materials Research Society (MRS) Fall Meeting, 2014

12. 위키피디아 '학습곡선', 2024

13. https://en.wikipedia.org/wiki/Moore's_law

14. Electronics, 'Cramming more components onto integrated circuits', 1965

15. https://www.nrel.gov/pv/cell‒efficiency.html

16. Hyuk Chang, Plenary Lecture, International Society of Electrochemistry (ISE), 2022, / updated, 2023

17. 이동환, 김상균, 장혁, 삼성SDI, 전자재료사업부 과제리뷰, 2019

18. 장혁, K‒Battery 전략 보고 대회, 산업부, 2021

19. Hyuk Chang, Plenary Lecture, International Society of Electrochemistry (ISE), 2022

20. 임동민, 두석광, 장혁, 삼성종합기술원, Material 연구센터 과제리뷰, 2011

21. 이현철, 권혁재, 장혁, 삼성종합기술원, Material 연구센터 과제리뷰, 2011

22. 한성수, 두석광, 장혁, 삼성종합기술원, Material 연구센터 과제리뷰, 2011

23. Future Mobile TF, 삼성종합기술원, 2011

24. http://backcastpartners.com/what-is-backasting/

25. 장혁, 기술경영노트, 2023

26. 이정문, 서기2000년대 생활의 이모저모, 1965

27. https://en.wikipedia.org/wiki/Back_to_the_Future

28. https://en.wikipedia.org/wiki/Minority_Report_(film)

29. 장혁, IS4T Forum, 한국공학한림원, 2023

30. https://www.ford.ie/experience-ford/history-and-heritage/henryfordstory/

31. John F. Kennedy, US Congress Speech, 1961

32. Martin Luther King, Jr., I Have A Dream Speech, Washington DC, 1963

33. 이병철, 호암자전, 1985

34. https://en.wikipedia.org/wiki/Steve_Jobs#1974-1985

35. 장혁, 기술경영노트, 2017

36. https://businessmodelanalyst.com/amazon-mission-and-vision-statement/

37. https://businessmodelanalyst.com/google-mission-and-vision-statement/

38. 삼성전자 창립40주년 기념사, 2009

39. Samsung Electronics Annual Report, 2009

40. 삼성전자 창립40주년 기념사 해설, 2009

41. https://news.samsung.com/kr/삼성전자-포브스-선정-세계-최고의-직장-4년-연속-1위

42. 장혁, 기술경영노트, 2019

43. 장혁, 삼성SLP 고위경영자 과정 강연, 호암관, 2015를 수정함_장혁, 2024

44. 장혁, 기술경영노트, 2013

45. 장혁, 삼성SLP 고위경영자 과정 강연, 호암관, 2015

46. 김언수, 김봉선, 조준호, 넥스트 이노베이션, 2020

47. Nature, November, 2007

48. Michael J. Gelb, How to Think like Leonardo da Vinci, 2004

49. Thomas A. Edison, 82세 생일(Feb. 11), 1929

50. Michael Michalko (박종안 번역), 아무도 생각하지 못하는 것 생각하기, 2001

51. 정태영, SNS X (구 Twitter), 2011

52. 박남규, 삼성SLP 고위경영자과정, 호암관, 2011

53. https://ko.wikipedia.org/wiki/세종실록

54. https://ko.wikipedia.org/wiki/경연

55. https://en.wikipedia.org/wiki/guru

56. SNE (2023), Market&Market, 2024

57. Greg A. Stevens, et.al, Research Technology Management, 40, 3, 1997

58. 김기헌, 윤석준, 장혁, 삼성SDI, SDI연구소 과제리뷰, 2017을 수정함_장혁, 2024

59. 장혁, 삼성SDI Patent Tree 제막식, 2023

60. 장혁, IP Portfolio 강화 방안, 2015

61. Alexander G. Bell, US Patent Number 174,465, 1876

62. Edward O. Wilson, Consilience: The Unity of Knowledge, 1998

63. https://www.facebook.com/mrlfacilities/

64. 장혁, 'Tech Concert 2012' 강연, 삼성전자 첨단기술연구소, 2012

65. 홍정욱, SNS X (구Twitter), 20

66. BBC News, Jan. 8th, 2021

67. 논어, 술이편, 8장

68. 강희제, 강희문집

69. 이병철, 호암자전, 1985

70. 장혁, 기술경영노트, 2014

71. 우오즈미 다카시, 미야토모 무사시 병법의 구도자, AK, 2020

72. Joachim de Posada, Don't Eat the Marshmallow Yet!: The Secret to Sweet Success in Work and Life (마시멜로 이야기), 2005

73. https://img.cdn‒pictorem.com/uploads/collection/

74. Niccolò Machiavelli, Il Principe, 1532 / 옮긴이 최현주, 감수 김상근, 군주론, 2023

75. https://commons.wikimedia.org/w/index.php?curid=408938

76. 장혁, 기술경영노트, 2024

77. 정현지, 송대순 외, 제3세대 R&D, 그 이후, 2007

78. Harvard Business Review, 'How Apple Is Organized for Innovation', Nov‒Dec., 2020

79. Elon Musk, 'The 6 Leadership Principles at TESLA & SPACEX', 2017 (https://www.youtube.com/watch?app=desktop&v=ut0hA8Sz2hM)

80. Jack Welch, The Ingredients to Great Leadership, Andrea Serio, 2018

81. https://thumbs.dreamstime.com/b/business‒people‒having‒group‒discussion‒37510369.jpg /modified_장혁, 2024

82. 장혁, 삼성SDI, SDI연구소 기술토론회, 2022

83. https://www.audibusinessinnovation.de/how‒we‒work/

84. Elon Musk, 'The 6 Leadership Principles at TESLA & SPACEX', 2017 (https://www.youtube.com/watch?app=desktop&v=ut0hA8Sz2hM)

85. Jack Welch, The Ingredients to Great Leadership, Andrea Serio, 2018

86. Harvard Business Review, 'How Apple Is Organized for Innovation', Nov – Dec., 2020

87. Daniel Goleman, Social Intelligence, 2006

88. 조남성, 언밸런스: 삶에서 밸런스는 무의미하다, 2024.

89. https://ko.wikipedia.org/wiki/피그말리온_효과

90. Ken Blanchard, Whale Done!, 2003

91. Daniel Goleman, Emotional Intelligence : Why It Can Matter More Than IQ, 2005

92. Jeff Immelt, Hot Seat: What I Learned Leading a Great American Company, 2021

93. 정현지, 송대순 외, 제3세대 R&D, 그 이후, 2007

아무도 가르쳐주지 않는
R&D 제대로 하기

초판 1쇄 인쇄 2026년 1월 2일
초판 1쇄 발행 2026년 1월 9일

지은이 장혁
펴낸이 안현주

기획 류재운 **편집** 안선영 **브랜드마케팅** 이민규 **영업** 안현영
디자인 표지 정태성 본문 장덕종

펴낸곳 클라우드나인   **출판등록** 2013년 12월 12일(제2013 – 101호)
주소 우) 03993 서울시 마포구 월드컵북로 4길 82(동교동) 신흥빌딩 3층
전화 02 – 332 – 8939   **팩스** 02 – 6008 – 8938
이메일 c9book@naver.com

값 20,000원
ISBN 979 – 11 – 94534 – 56 – 3 03200

---

* 잘못 만들어진 책은 구입하신 곳에서 교환해드립니다.
* 이 책의 전부 또는 일부 내용을 재사용하려면 사전에 저작권자와 클라우드나인의 동의를 받아야 합니다.

* 클라우드나인에서는 독자여러분의 원고를 기다리고 있습니다.
  출간을 원하는 분은 원고를 bookmuseum@naver.com으로 보내주세요.

* 클라우드나인은 구름 중 가장 높은 구름인 9번 구름을 뜻합니다. 새들이 깃털로 하늘을 나는 것처럼 인간은
  깃펜으로 쓴 글자에 의해 천상에 오를 것입니다.